总主编 伍江 副总主编 雷星晖

赵红丹 彭正龙 著

中国背景下企业员工的强制性组织公民行为研究：
结构、测量、动因与结果

Research of Compulsory Citizenship Behavior in China: Structure, Measure, Antecedent, and Consequence

内容提要

本书在系统整合组织公民行为和强制性组织公民行为等相关理论和已有成果的基础上，探讨了中国背景下企业员工强制性组织公民行为的内涵、结构和测量，并进一步研究了强制性组织公民行为的动因与结果。

图书在版编目(CIP)数据

中国背景下企业员工的强制性组织公民行为研究：结构、测量、动因与结果 / 赵红丹，彭正龙著. —上海：同济大学出版社，2017.8
（同济博士论丛 / 伍江总主编）
ISBN 978-7-5608-6966-7

Ⅰ.①中… Ⅱ.①赵… ②彭… Ⅲ.①职工—强制性—组织行为—研究—中国 Ⅳ.①C936

中国版本图书馆 CIP 数据核字(2017)第 093275 号

中国背景下企业员工的强制性组织公民行为研究：结构、测量、动因与结果

赵红丹　彭正龙　著

出 品 人	华春荣	责任编辑	熊磊丽　卢元姗		
责任校对	徐春莲	封面设计	陈益平		

出版发行	同济大学出版社　www.tongjipress.com.cn	
	（地址：上海市四平路1239号　邮编：200092　电话：021-65985622）	
经　　销	全国各地新华书店	
排版制作	南京展望文化发展有限公司	
印　　刷	浙江广育爱多印务有限公司	
开　　本	787 mm×1092 mm　1/16	
印　　张	16.25	
字　　数	325 000	
版　　次	2017年8月第1版　2017年8月第1次印刷	
书　　号	ISBN 978-7-5608-6966-7	
定　　价	76.00元	

本书若有印装质量问题，请向本社发行部调换　　版权所有　侵权必究

"同济博士论丛"编写领导小组

组　　　长：杨贤金　钟志华

副 组 长：伍　江　江　波

成　　　员：方守恩　蔡达峰　马锦明　姜富明　吴志强
　　　　　　徐建平　吕培明　顾祥林　雷星晖

办公室成员：李　兰　华春荣　段存广　姚建中

"同济博士论丛"编辑委员会

总 主 编：伍 江

副总主编：雷星晖

编委会委员：（按姓氏笔画顺序排列）

丁晓强	万 钢	马卫民	马在田	马秋武	马建新
王 磊	王占山	王华忠	王国建	王洪伟	王雪峰
尤建新	甘礼华	左曙光	石来德	卢永毅	田 阳
白云霞	冯 俊	吕西林	朱合华	朱经浩	任 杰
任 浩	刘 春	刘玉擎	刘滨谊	闫 冰	关佶红
江景波	孙立军	孙继涛	严国泰	严海东	苏 强
李 杰	李 斌	李风亭	李光耀	李宏强	李国正
李国强	李前裕	李振宇	李爱平	李理光	李新贵
李德华	杨 敏	杨东援	杨守业	杨晓光	肖汝诚
吴广明	吴长福	吴庆生	吴志强	吴承照	何品晶
何敏娟	何清华	汪世龙	汪光焘	沈明荣	宋小冬
张 旭	张亚雷	张庆贺	陈 鸿	陈小鸿	陈义汉
陈飞翔	陈以一	陈世鸣	陈艾荣	陈伟忠	陈志华
邵嘉裕	苗夺谦	林建平	周 苏	周 琪	郑军华
郑时龄	赵 民	赵由才	荆志成	钟再敏	施 骞
施卫星	施建刚	施惠生	祝 建	姚 熹	姚连璧

袁万城　莫天伟　夏四清　顾　明　顾祥林　钱梦騄
徐　政　徐　鉴　徐立鸿　徐亚伟　凌建明　高乃云
郭忠印　唐子来　阎耀保　黄一如　黄宏伟　黄茂松
戚正武　彭正龙　葛耀君　董德存　蒋昌俊　韩传峰
童小华　曾国荪　楼梦麟　路秉杰　蔡永洁　蔡克峰
薛　雷　霍佳震

秘书组成员：谢永生　赵泽毓　熊磊丽　胡晗欣　卢元姗　蒋卓文

总 序

在同济大学110周年华诞之际,喜闻"同济博士论丛"将正式出版发行,倍感欣慰。记得在100周年校庆时,我曾以《百年同济,大学对社会的承诺》为题作了演讲,如今看到付梓的"同济博士论丛",我想这就是大学对社会承诺的一种体现。这110部学术著作不仅包含了同济大学近10年100多位优秀博士研究生的学术科研成果,也展现了同济大学围绕国家战略开展学科建设、发展自我特色,向建设世界一流大学的目标迈出的坚实步伐。

坐落于东海之滨的同济大学,历经110年历史风云,承古续今、汇聚东西,秉持"与祖国同行、以科教济世"的理念,发扬自强不息、追求卓越的精神,在复兴中华的征程中同舟共济、砥砺前行,谱写了一幅幅辉煌壮美的篇章。创校至今,同济大学培养了数十万工作在祖国各条战线上的人才,包括人们常提到的贝时璋、李国豪、裘法祖、吴孟超等一批著名教授。正是这些专家学者培养了一代又一代的博士研究生,薪火相传,将同济大学的科学研究和学科建设一步步推向高峰。

大学有其社会责任,她的社会责任就是融入国家的创新体系之中,成为国家创新战略的实践者。党的十八大以来,以习近平同志为核心的党中央高度重视科技创新,对实施创新驱动发展战略作出一系列重大决策部署。党的十八届五中全会把创新发展作为五大发展理念之首,强调创新是引领发展的第一动力,要求充分发挥科技创新在全面创新中的引领作用。要把创新驱动发展作为国家的优先战略,以科技创新为核心带动全面创新,以体制机制改革激发创新活力,以高效率的创新体系支撑高水平的创新型国家建设。作为人才培养和科技创新的重要平台,大学是国家创新体系的重要组成部分。同济大学理当围绕国家战略目标的实现,作出更大的贡献。

大学的根本任务是培养人才,同济大学走出了一条特色鲜明的道路。无论是本科教育、研究生教育,还是这些年摸索总结出的导师制、人才培养特区,"卓越人才培养"的做法取得了很好的成绩。聚焦创新驱动转型发展战略,同济大学推进科研管理体系改革和重大科研基地平台建设。以贯穿人才培养全过程的一流创新创业教育助力创新驱动发展战略,实现创新创业教育的全覆盖,培养具有一流创新力、组织力和行动力的卓越人才。"同济博士论丛"的出版不仅是对同济大学人才培养成果的集中展示,更将进一步推动同济大学围绕国家战略开展学科建设、发展自我特色、明确大学定位、培养创新人才。

面对新形势、新任务、新挑战,我们必须增强忧患意识,扎根中国大地,朝着建设世界一流大学的目标,深化改革,勠力前行!

万 钢

2017 年 5 月

论丛前言

承古续今,汇聚东西,百年同济秉持"与祖国同行、以科教济世"的理念,注重人才培养、科学研究、社会服务、文化传承创新和国际合作交流,自强不息,追求卓越。特别是近20年来,同济大学坚持把论文写在祖国的大地上,各学科都培养了一大批博士优秀人才,发表了数以千计的学术研究论文。这些论文不但反映了同济大学培养人才能力和学术研究的水平,而且也促进了学科的发展和国家的建设。多年来,我一直希望能有机会将我们同济大学的优秀博士论文集中整理,分类出版,让更多的读者获得分享。值此同济大学110周年校庆之际,在学校的支持下,"同济博士论丛"得以顺利出版。

"同济博士论丛"的出版组织工作启动于2016年9月,计划在同济大学110周年校庆之际出版110部同济大学的优秀博士论文。我们在数千篇博士论文中,聚焦于2005—2016年十多年间的优秀博士学位论文430余篇,经各院系征询,导师和博士积极响应并同意,遴选出近170篇,涵盖了同济的大部分学科:土木工程、城乡规划学(含建筑、风景园林)、海洋科学、交通运输工程、车辆工程、环境科学与工程、数学、材料工程、测绘科学与工程、机械工程、计算机科学与技术、医学、工程管理、哲学等。作为"同济博士论丛"出版工程的开端,在校庆之际首批集中出版110余部,其余也将陆续出版。

博士学位论文是反映博士研究生培养质量的重要方面。同济大学一直将立德树人作为根本任务,把培养高素质人才摆在首位,认真探索全面提高博士研究生质量的有效途径和机制。因此,"同济博士论丛"的出版集中展示同济大学博士研究生培养与科研成果,体现对同济大学学术文化的传承。

"同济博士论丛"作为重要的科研文献资源,系统、全面、具体地反映了同济大学各学科专业前沿领域的科研成果和发展状况。它的出版是扩大传播同济科研成果和学术影响力的重要途径。博士论文的研究对象中不少是"国家自然科学基金"等科研基金资助的项目,具有明确的创新性和学术性,具有极高的学术价值,对我国的经济、文化、社会发展具有一定的理论和实践指导意义。

"同济博士论丛"的出版,将会调动同济广大科研人员的积极性,促进多学科学术交流、加速人才的发掘和人才的成长,有助于提高同济在国内外的竞争力,为实现同济大学扎根中国大地,建设世界一流大学的目标愿景做好基础性工作。

虽然同济已经发展成为一所特色鲜明、具有国际影响力的综合性、研究型大学,但与世界一流大学之间仍然存在着一定差距。"同济博士论丛"所反映的学术水平需要不断提高,同时在很短的时间内编辑出版110余部著作,必然存在一些不足之处,恳请广大学者,特别是有关专家提出批评,为提高同济人才培养质量和同济的学科建设提供宝贵意见。

最后感谢研究生院、出版社以及各院系的协作与支持。希望"同济博士论丛"能持续出版,并借助新媒体以电子书、知识库等多种方式呈现,以期成为展现同济学术成果、服务社会的一个可持续的出版品牌。为继续扎根中国大地,培育卓越英才,建设世界一流大学服务。

伍 江

2017年5月

前　言

　　作为组织行为研究领域的一大创新,组织公民行为(指在组织正式的薪酬体系中未得到明确或直接的确认,但就整体而言有益于组织运作的行为)对个体行为、团队有效性乃至组织绩效的有利影响不仅得到了学术界的认同,也在企业实践中得到了验证。随着市场竞争的不断加剧,越来越多的企业希望在经营成本不增加的情况下,通过组织公民行为促进企业的成长,进而鼓励和期望员工能够从事更多的组织公民活动。然而,并非所有员工都乐意接受领导或组织的这种安排,但是迫于组织内的各种压力,他们也可能感觉到,除非乐于承担这些组织公民活动,否则会危及自己的绩效考核、工作资源甚至组织地位。在此情况下,组织公民行为原有的自发性、利他性等动机会发生极大的变异,进而可能形成强制性的组织公民行为。强制性组织公民行为指出了组织公民行为的"双刃剑"性质,实现了对现有组织公民行为理论的有益补充,也有助于我们更全面、更准确地认识组织公民行为。但是作为一个新的研究领域,强制性组织公民行为在概念、结构、前因及结果等方面均有待深入探讨。更为重要的是,本书选择研究强制性组织公民行为,除了因为它是目前学术界的新领域之外,还因为它与中国现实及文化背景的某些契合性。从现实背景看,被加班、被捐款、被退休、被和谐等问题形成了我国组织中独特的"被"现象。而因这些行为给组织带来严重后果的案例也屡见不鲜,例如,通化钢铁集团股份有限公司总经理被群殴致死和富士康科技集团十三连跳等事件,除了员工本身的因素之外,与组织内长期存在的"被"现象也不无关联。从文化背景看,自古以来,"小不忍则乱大谋"(《论语·卫灵公》)、"忍所私以行大义"(《吕氏春秋·去私》)等俗语就告诉我们要避免正面冲突,忍受屈辱以求保全整个大局,这可能导致强制性组织公民行为在中国组织中更加显著。所以,在我国当前的文化和社会转型背景下,也极有必要了解中国背景下的强制性组织公民行为。

本书主要在系统整合相关理论和已有成果的基础上,探讨中国背景下企业员工强制性组织公民行为的内涵、结构和测量,并进一步研究强制性组织公民行为的动因与结果。针对上述问题,本书得出了以下主要研究结论:

(1) 企业员工强制性组织公民行为的结构及测量研究的相关结论

第一,中国背景下强制性组织公民行为的概念界定。本书从行为主体、行为客体、行为性质和行为结果四个方面对企业员工强制性组织公民行为的内涵进行了界定,即行为主体因为不得不表现出领导或组织所期望的职外行为而形成的一种带有强制性感受的组织公民行为。第二,中国背景下强制性组织公民行为的构思维度。本书提炼出两大类强制性组织公民行为并确立了其二维构思维度:指向个体的强制性组织公民行为(CCBI)和指向组织的强制性组织公民行为(CCBO)。第三,中国背景下强制性组织公民行为的测量问卷。本书开发了一个包含两个维度12个题目的强制性组织公民行为问卷:指向组织的强制性组织公民行为和指向个体的强制性组织公民行为,每个维度均由6个项目测量。

（2）企业员工强制性组织公民行为的动因研究的相关结论

第一，中国背景下强制性组织公民行为的影响因素。本书得到了一个以"强制性组织公民行为的影响因素"为核心范畴，涵盖3个主范畴、24个正式范畴和192个初步概念的体系结构。并基于此构建了强制性组织公民行为形成路径的全模型。第二，中国背景下强制性组织公民行为的形成路径。研究发现：辱虐管理与员工强制性组织公民行为显著正相关；心理安全感在上司辱虐管理与员工强制性组织公民行为之间起完全中介作用。本书的"被调节的中介效应模型"（moderated mediation）还发现：传统性显著调节辱虐管理通过心理安全感影响员工强制性组织公民行为的中介作用，即对低传统性的员工而言，他们之间的中介作用显著；而对高传统性的员工而言，他们之间的中介作用不显著。

（3）企业员工强制性组织公民行为的结果研究的相关结论

第一，个体层次的强制性组织公民行为对组织公民行为的影响机制。研究发现：个体层次的两种强制性组织公民行为与员工的组织公民行为显著负相关；组织认同在强制性组织公民行为与组织公民行为之间起完全中介作用；互动公平对员工强制性组织公民行为与组织公民行为之间的关系具有显著的调节作用，即在低互动公平中，他们之间呈显著的负相关关系，而在高互动公平中，相关关系不显著。第二，团队层次的强制性组织公民行为对团队绩效的影响机制。研究结果表明：团队层次的强制性组织公民行为与团队绩效显著负相关；团队心理安全对于指向组织的强制性组织公民行为（CCBO）与团队绩效之间的关系具有完全中介作用，而对于指向个体的强制性组织公民行为（CCBI）与团队绩效之间的关系具有部分中介作用。

与以往的研究相比，本书的主要创新点在于：

中国背景下企业员工的强制性组织公民行为研究：结构、测量、动因与结果

第一，关于中国背景下企业员工强制性组织公民行为结构及测量的研究，深化了学界对组织公民行为及强制性组织公民行为研究的认识。

已有文献对强制性组织公民行为内涵的探讨不足，且鲜有研究涉及其构思维度。本书首先从行为主体、行为客体、行为性质和行为结果四个方面对强制性组织公民行为的内涵进行了界定；然后基于访谈和文献分析，对表达强制性组织公民行为内涵的条目进行分类、归纳和分析，确立了中国背景下强制性组织公民行为的二维结构，即：指向个体的强制性组织公民行为(CCBI)和指向组织的强制性组织公民行为(CCBO)；最后，结合相关理论，并经过预试和正式问卷调查，利用探索性因素分析、验证性因素分析以及信度分析等统计技术，开发了一个包含2个维度12个项目的问卷，初步完成了强制性组织公民行为的理论构建工作。

第二，关于中国背景下企业员工强制性组织公民行为影响因素的研究，弥补了以往研究对员工强制性组织公民行为的预测缺少理论依据的缺陷。

目前有关强制性组织公民行为影响因素的研究观点各异，而且多是借鉴了组织公民行为的研究。本书按照扎根理论的思路采用开放式编码、主轴编码以及选择式编码等方法，结合文献分析，从指向组织外生情境的公民压力、指向组织内生情境的公民压力和指向员工个体感知的公民压力等三个主范畴构建了强制性组织公民行为的影响因素体系。在此基础上从信息收集过程、预评估过程和行为决策过程三个阶段分析了强制性组织公民行为的形成过程，并构建了强制性组织公民行为形成路径的全模型。

第三，关于中国背景下企业员工强制性组织公民行为形成路径的研究，弥补了以往研究缺少诠释强制性组织公民行为形成机制的不足。

就现有的研究而言，鲜有文献涉及强制性组织公民行为的形成机制

问题,仅有的几项研究也多是采用少数几个成因加以共同诠释,不够深入与科学。本书在得到强制性组织公民行为影响因素体系的基础上,结合强制性组织公民行为形成路径的全模型和文献分析,从个体心理安全认知的视角,构建了上司辱虐管理对员工强制性组织公民行为影响的理论模型,同时考虑员工个体差异(员工传统性)在其中的调节作用,并结合实际调研结果进行了实证验证。

第四,关于中国背景下企业员工强制性组织公民行为结果的研究,丰富了强制性组织公民行为对其结果变量的影响机制研究。

虽然已有相关的理论和实证证据表明了强制性组织公民行为的危害性,但是关于强制性组织公民行为如何对个体表现和团队产出产生影响,以及哪些变量起中介或调节作用等问题,我们还知之甚少。本书分别从个体和团队两个层次研究了强制性组织公民行为的影响机制。具体地,在个体层次,基于社会认同理论和公正启动理论,构建了强制性组织公民行为对员工工作行为、态度和绩效影响的理论模型,同时考虑组织认同的中介作用以及互动公平的调节作用,并结合实际调研结果进行了验证。在团队层次,基于经典的IPO团队研究模型,将团队层次的强制性组织公民行为看作团队"投入",团队心理安全看作团队"过程",团队绩效看作团队"输出",构建了强制性组织公民行为通过团队心理安全的中介作用影响团队绩效的理论模型,并结合实际调研结果进行了验证。

目　录

总序

论丛前言

前言

第1章　引言 ··· 1
  1.1　问题的提出 ·· 1
  1.2　研究意义 ·· 5
  1.3　研究内容及研究方法 ·· 6
      1.3.1　研究内容 ·· 6
      1.3.2　研究方法 ··· 10
  1.4　研究方案及可行性分析 ····································· 11
      1.4.1　研究方案 ··· 11
      1.4.2　可行性分析 ··· 13
  1.5　本书框架及内容安排 ······································· 13
  1.6　研究特色及创新之处 ······································· 15
      1.6.1　研究特色 ··· 15

1.6.2　创新之处 ……………………………………………… 16
　1.7　本章小结 …………………………………………………… 19

第2章　文献综述 …………………………………………………… 20
　2.1　组织公民行为 ………………………………………………… 20
　　　2.1.1　组织公民行为的内涵及测量 ………………………… 21
　　　2.1.2　组织公民行为的源头 ………………………………… 24
　　　2.1.3　组织公民行为的结果 ………………………………… 25
　2.2　强制性组织公民行为 ………………………………………… 26
　　　2.2.1　强制性组织公民行为的内涵及测量 ………………… 26
　　　2.2.2　强制性组织公民行为的源头 ………………………… 30
　　　2.2.3　强制性组织公民行为的结果 ………………………… 33
　2.3　社会交换理论 ………………………………………………… 35
　　　2.3.1　社会交换理论的提出 ………………………………… 35
　　　2.3.2　社会交换理论的基本假设 …………………………… 36
　　　2.3.3　社会交换理论的基本原则 …………………………… 37
　　　2.3.4　社会交换理论在组织行为中的应用 ………………… 38
　2.4　社会认同理论 ………………………………………………… 40
　　　2.4.1　社会认同理论的提出 ………………………………… 40
　　　2.4.2　社会认同的内涵 ……………………………………… 41
　　　2.4.3　社会认同的动机 ……………………………………… 42
　　　2.4.4　社会认同的过程 ……………………………………… 43
　　　2.4.5　社会认同的应用 ……………………………………… 44
　2.5　既有文献述评 ………………………………………………… 46
　　　2.5.1　既有文献取得的进展 ………………………………… 46

2.5.2　既有研究的不足 …………………………………………… 47
　　2.5.3　拟解决的问题 ……………………………………………… 49
2.6　本章小结 ……………………………………………………………… 51

第3章　中国背景下强制性组织公民行为的概念结构研究 ……… 52
3.1　强制性组织公民行为的概念界定 …………………………………… 52
3.2　强制性组织公民行为的结构及测量 ………………………………… 54
　　3.2.1　子研究一：中国背景下强制性组织公民行为的
　　　　　 归纳分析 ………………………………………………… 55
　　3.2.2　子研究二：中国背景下强制性组织公民行为的
　　　　　 问卷编制 ………………………………………………… 58
　　3.2.3　子研究三：中国背景下强制性组织公民行为
　　　　　 量表的验证 ……………………………………………… 61
3.3　本章小结 ……………………………………………………………… 66

第4章　中国背景下强制性组织公民行为的影响因素研究 ……… 67
4.1　研究思路 ……………………………………………………………… 67
4.2　研究方法 ……………………………………………………………… 67
4.3　研究样本与程序 ……………………………………………………… 70
4.4　研究结果 ……………………………………………………………… 72
　　4.4.1　确定编码单元 ………………………………………………… 72
　　4.4.2　开放式编码（一级编码） …………………………………… 73
　　4.4.3　主轴编码（二级编码） ……………………………………… 83
　　4.4.4　选择式编码（三级编码） …………………………………… 87
　　4.4.5　强制性组织公民行为形成路径全模型的构建 …… 89

4.5 本章小结 …… 91

第5章 中国背景下强制性组织公民行为的形成路径研究 …… 93
5.1 研究思路 …… 93
5.2 理论背景与研究假设 …… 97
    5.2.1 辱虐管理与强制性组织公民行为 …… 97
    5.2.2 心理安全感的中介作用 …… 99
    5.2.3 员工传统性的调节作用 …… 101
5.3 研究设计 …… 103
    5.3.1 问卷设计 …… 103
    5.3.2 变量测量 …… 104
    5.3.3 数据收集 …… 108
    5.3.4 数据分析 …… 110
5.4 研究结果 …… 111
    5.4.1 CITC检验与信度分析 …… 111
    5.4.2 验证性因子分析 …… 114
    5.4.3 相关分析 …… 116
    5.4.4 假设验证 …… 117
5.5 验证结果 …… 125
5.6 本章小结 …… 126

第6章 中国背景下强制性组织公民行为的结果研究 …… 127
6.1 研究思路 …… 127
6.2 理论背景与研究假设 …… 131
    6.2.1 强制性组织公民行为对员工组织公民行为的

　　　　　作用机制 ·· 131
　　　6.2.2 强制性组织公民行为对团队绩效的作用机制······ 137
6.3 研究设计 ·· 141
　　　6.3.1 研究对象与研究程序 ···························· 141
　　　6.3.2 问卷设计 ·· 143
　　　6.3.3 变量测量 ·· 143
6.4 研究结果 ·· 147
　　　6.4.1 CITC 检验与信度分析 ··························· 148
　　　6.4.2 验证性因子分析 ·································· 152
　　　6.4.3 个体层次：强制性组织公民行为对组织公民
　　　　　　行为的影响分析 ································· 154
　　　6.4.4 团队层次：强制性组织公民行为对团队绩效的
　　　　　　影响分析 ·· 162
6.5 验证结果 ·· 168
6.6 本章小结 ·· 169

第7章 研究结论与研究展望 ································ 170
7.1 本研究的主要结论 ····································· 170
　　　7.1.1 强制性组织公民行为的结构及测量研究的
　　　　　　相关结论 ·· 171
　　　7.1.2 强制性组织公民行为的动因研究的相关结论···· 172
　　　7.1.3 强制性组织公民行为的结果研究的相关结论···· 175
7.2 实践启示：针对员工强制性组织公民行为的干预对策···· 178
　　　7.2.1 预防阶段：针对强制性组织公民行为产生
　　　　　　初期的预防机制 ································· 178

  7.2.2 阻断阶段：针对强制性组织公民行为形成
     过程的阻断机制 ································ 180
  7.2.3 调控阶段：针对强制性组织公民行为危害
     效应的调控机制 ································ 181
 7.3 研究局限与研究展望 ································ 182

参考文献 ·· 186

附录 A 强制性组织公民行为构思的开放式访谈问卷 ········ 206
附录 B 强制性组织公民行为量表的预测试问卷 ············ 207
附录 C 强制性组织公民行为各项目的临界比率法分析结果 ····· 209
附录 D 强制性组织公民行为各项目的相关分析结果 ········ 212
附录 E 强制性组织公民行为量表的验证性问卷 ············ 214
附录 F 访谈提纲 ·· 218
附录 G 强制性组织公民行为形成路径的调查问卷 ·········· 220
附录 H 条件性间接效应的 SPSS 运算结果 ················ 225
附录 I 强制性组织公民行为结果的调查问卷 ·············· 229

后记 ·· 236

第1章 引言

1.1 问题的提出

随着全球化进程的加剧,越来越多的企业为了适应日趋激烈的竞争环境,开始放弃与科学管理相适应的金字塔式组织结构,并转向更加适应信息时代环境的扁平化的"网络型"组织结构(郭晓薇,2004)[1]。在这种组织结构中,员工有了更大的个人空间,工作职责变得宽泛起来,也使员工的主动性和合作性成为组织运行的极为必要的条件(Ilgen和Pulakos,1999)[2]。那么,员工如何使用这种自主权,就对企业的发展起着至关重要的作用。而如何使员工乐于对组织做一些超越正式职责要求但对组织有益的好事,也成为企业管理者考虑的一大问题。于是近年来,员工的组织公民行为(Organizational Citizenship Behavior,OCB)越来越为组织管理者所重视,越来越多的学术研究也开始围绕着员工的这种自发合作行为展开。由此,组织公民行为的研究应运而生。

组织公民行为是指在组织正式的薪酬体系中尚未得到明确或直接的确认,但就整体而言有益于组织运作成效的行为总和(Organ,1988)[3]。在过去的二十几年间,组织公民行为一直被视为是组织行为理论研究领域的一大创新,相关研究在东西方均取得了较为显著的成果(Organ,1988[3];Farh,Earley和Lin,1997[4];Podsakoff等,2000[5];汪林等,2009[6])。组织公民行为对个体、团队乃至组织的有利影响不仅得到了学术界的认同,也在企业的实际工作中得到了相关实践者的验证。但是长期以来,组织公民行为的研究主要关注公民行为的积极面,这其中暗含着三个基本假设:组织公民行为的动机是无私或利他的(例如该行为是在支持性的工作环境、积极的态度或人格品质下产生的);组织公民行为促进了组织运作的有效性(例如充当组织运行的"润滑剂");组织公民行为最终对员工有利(例如营造一个有吸引力的工作环境)(武欣、吴志明、张德,2005)[7]。然而,员工在组织中享受着比以往更多的选择权利和行为自由的同时,他们可能选择去做一些有利于组织的分外之事,也可能选择暗中去做有利于自己但有损于组织的事情(张建卫、刘玉新,2008)[8]。因此,组织公民行为并不只包括无私的自愿行为,它也包含了各种各样的私利性行为。现在,人们也越来越意识到,不是所有员工都愿意做个"好士兵"(good soldier),还有很多员工有能力、有动机做个"好演员"(good actor),从而表现出被动性组织公民行为,这不仅不会增加组织绩效,反而会带来诸多不利影响,甚至降低组织效能(Vigoda-Gadot,2007)[9]。被动性组织公民行为的表现方式之一就是在组织中所存在的强制性组织公民行为(Compulsory Citizenship Behavior,CCB),即由于组织内的社会或管理压力导致组织公民行为的"自发性"发生变异而形成的一种带有压迫性的公民行为(Vigoda-Gadot,2006)[10],这些压力可以来自领导的强制行为、同事的政治行为(指行为主体采用"手腕"、"权术"等争取自身利益,与国家政治无关)、组织的强制氛围等。

从现实视角来看,其一,在组织中,消极行为造成的影响往往要更大于积极行为,在此层面上讲,强制性组织公民行为研究或许要比组织公民行为积极方面的研究更能吸引企业管理者的注意力。其二,组织决策者明明知道"强扭的瓜并不一定甜",但强制行为却仍在组织中普遍存在。例如,被加班、被捐款、被退休、被和谐等问题形成了我国组织中独特的"被"现象。而因这些行为给组织带来严重后果的案例也屡见不鲜,例如,通化钢铁总经理被群殴致死和富士康十三连跳等事件,除了员工本身的因素之外,与组织内长期存在的"被"现象也不无关联。但到目前为止,这方面的研究还未得到国内学术界和实务界的充分重视。其三,家族主义文化在我国这种高集体主义和大权力距离的文化中占主导地位,"家长式"领导更是成为主要的领导方式(Luthans 等,1998[11];高日光,2009[12]),领导与下属的权力、地位完全不对等。尤其在我国人口多、就业压力大的现实背景下,领导更是主宰了员工的职场生活。为了保住职位或避免被"穿小鞋",下属对于领导的强制行为往往即使敢怒也不敢言,由此必然使领导者的行为更加缺乏约束性,进而加剧员工强制性组织公民行为的形成。总之,鉴于强制性组织公民行为与中国现实背景的契合性及其所可能带来的危害,深入了解这类行为及其形成和危害机制也是颇具现实意义的。

从理论层面来讲,一方面,从最初的研究开始,研究者们就着眼于组织公民行为、角色外行为、建言行为、创新行为等组织行为的积极面之上,鲜有研究涉及组织行为的负面效应,而中国组织中的相关研究更是少见,仅见个别篇章。近年来,虽然组织中的"负面行为"开始引起国内外学者的关注,相关文献基于社会交换理论(Social Exchange Theory)探讨了反生产行为(Counterproductive Work Behavior)、越轨行为(Deviant Behavior)、辱虐管理(Abusive Supervision)等负面行为(Blau,1964[13];Liden 和 Graen,1980[14];Gerstner 和 Day,1997[15]),但相关研究仍处于起步阶段,且缺乏定量研究。而且,对于其形成路径或影响过程而言,员工的认知与情绪作为尤为重要的中介因素却长期被忽视,使得负面行为的产生及危害机制仍显得隐晦不明（Chen 和 Aryee，2007[16]；汪林等，2009[6]）。可能的原因是社会交换理论所关注的心理关系只有通过间接的测量才能被外界感知。拥有这种心理关系的双方，也会因该关系仅停留在心理层面，主要是感知方面，没有实际的证明或约定，而使该关系显得不稳定。在实际操作过程中，也显得模糊不清。强制性组织公民行为概念为研究者打开了一个新的突破口，以直观、具体的形式，凸显出了这种心理关系。而且，强制性组织公民行为指出了组织公民行为的"双刃剑"性质，即组织公民行为并不只包括无私的自愿行为，也包含了各种各样的私利性动机和强制性感受，从而实现了对现有组织公民行为理论的有益补充，也有助于我们更全面、更准确地认识组织公民行为，加深对公民行为有效性的理解（Vigoda-Gadot，2006）[10]。另一方面，本书选择研究强制性组织公民行为，除了因为它是目前学术界的新领域之外，还因为它与中国文化的某些契合性。中国自古以来，《论语·卫灵公》中的"小不忍则乱大谋"和《吕氏春秋·去私》中的"忍所私以行大义"等俗语，就告诉我们要避免正面冲突，忍受屈辱以求保全整个大局。而且我国历来注重等级制度，注重上下级之间控制与被控制的关系。所以，员工对领导或组织强制行为的容忍程度远高于西方员工（Hofstede，1980）[17]，因此可能导致强制性组织公民行为在中国组织中更加显著，而且其特征、前因及后果等也可能会显示出有别于西方的特征。由此可见，在中国组织情境下选择强制性组织公民行为这一新领域作为研究课题也具有一定的理论意义。

本书的研究也正是源于此，在系统整合组织公民行为和强制性组织公民行为等研究成果的基础上，从理论和实践上研究中国组织中强制性组织公民行为的结构、形成和影响，以期回答以下问题：

（1）中国背景下企业员工强制性组织公民行为的内涵与构思是怎样的？

（2）中国背景下企业员工强制性组织公民行为的测量是怎样的？

（3）中国背景下企业员工强制性组织公民行为的影响因素有哪些？

（4）中国背景下企业员工强制性组织公民行为的形成路径是怎样的？

（5）中国背景下企业员工强制性组织公民行为对个体及团队层次变量的影响机制是怎样的？

1.2 研究意义

从理论意义上看，其一，中国人的行动逻辑截然不同于西方（翟学伟，2001）[18]，中国文化的价值理念会在强制性组织公民行为上有所表现，基于中国文化情境展开对强制性组织公民行为的本土研究就显得异常必要，能够着力推动强制性组织公民行为理论在中国的研究与应用。其二，强制性组织公民行为研究有助于我们更全面、更准确地认识组织公民行为，加深对公民行为有效性的理解，从而更好地激发和利用组织公民行为。其三，纵观目前"负面组织行为"的学术研究动态，还鲜有学者对强制性组织公民行为的结构、形成及影响等展开深入的研究。虽然Vigoda-Gadot（2006，2007）[9-10]尝试性地对强制性组织公民行为进行了系统研究，但是仍处于初级阶段，对强制性组织公民行为的内涵、结构、前因及结果等均有待深入探讨。而国内关于该理论的大多数文章主要集中在相关评论、介绍和引用等层面，对于该理论的系统性研究和应用还很少。因此，本书汲取西方负面组织行为理论的有益启迪，研究中国组织中强制性组织公民行为的结构、测量、形成与结果，通过理论分析、质性研究和实证研究，剖析强制性组织公民行为的内涵与构思，开发强制性组织公民行为的量表，并构建有效的强制性组织公民行为形成路径及影响机制模型。相关结论可以为强制性组织公民行为领域贡献新的知识,相信对强制性组织公民行为相关理论的发展也具有一定的促进作用。

从实践意义上看,一方面,由于员工的组织公民行为不仅是企业平稳运行的重要保证,而且也是提高企业生产能力和竞争优势的关键因素(汪林等,2009)[6]。所以本研究的现实意义在于使管理者更清楚地认识到组织公民行为的"双刃剑"性质,清晰界定组织内的公民行为,从而有针对性地激发员工的自发性公民行为,减少或规避强制性组织公民行为。另一方面,中国是全球发展最快和竞争最激烈的市场之一,由于信息社会及自身价值观念的变化,员工面对公民压力所出现的负面情绪、工作倦怠和挫折感等问题,不仅给员工本人带来了痛苦,还有可能导致罢工等群集事件,这将危及企业的劳动关系并给企业经营目标的实现造成障碍。所以本研究的现实意义还在于:有利于本土企业构建好和谐的劳资关系并实施更加人性化的管理;有利于本土企业制定适应我国经济转型与结构调整中的人力资源管理策略,增强企业核心竞争力乃至国际竞争力。

1.3 研究内容及研究方法

1.3.1 研究内容

1. 中国背景下企业员工强制性组织公民行为的结构与测量研究

研究内容包括:

第一,强制性组织公民行为相关研究的文献梳理。

第二,强制性组织公民行为的概念界定。在文献研究的基础上,从行为主体、行为客体、行为性质和行为结果四个方面对强制性组织公民行为的内涵进行界定。

第三,强制性组织公民行为的结构与测量。在对强制性组织公民行为的内涵进行界定的基础上,通过中国背景下强制性组织公民行为的归纳分析、中国背景下强制性组织公民行为的问卷编制和中国背景下强制性组织公民行为量表的验证等三个子研究,来逐步探索中国背景下强制性组织公民行为的构思维度。并在国内外关于组织公民行为和强制性组织公民行为的研究基础上,通过预试、探索性因素分析、验证性因素分析和信度检验等方法,编制和验证中国背景下的强制性组织公民行为问卷。

2. 中国背景下企业员工强制性组织公民行为的影响因素研究

研究内容包括:

第一,通过文献分析(Review of Technical Literature)界定研究问题和形成初步研究构想,并将一些无关的变化因素排除,以提高本研究的外在效度。

第二,通过深度访谈,进行员工强制性组织公民行为动因的资料收集。

第三,通过开放式编码(Open Coding)→主轴编码(Axial Coding)→选择式编码(Selective Coding)的三级编码过程对研究资料进行逐级编码,从资料中提炼有关强制性组织公民行为动因的概念和范畴。

第四,通过Kappa系数来检验编码者在范畴归类时对强制性组织公民行为动因归类的一致性,以保证本研究的信度。

第五,通过理论抽样(Theoretical Sample)[①]的方法,不断地进行数据之间、概念之间以及数据与概念之间的比较。

第六,形成理论性概念,建立概念之间的联系,并且通过补充新的样

---

① 所谓理论抽样,即抽样的目的在于形成某种理论,研究对象的选取受理论所主导。具体地,在对个别典型样本的资料经过三级编码形成初步理论模型后,继续分析其他的样本,考察该理论模型能否吻合(fit)后续样本的资料分析结果。否则,则结合两阶段样本的资料分析结果,对理论模型进行比较和修正,以构建更完整和科学的理论模型。

本资料来达到理论饱和(Theoretical Saturation)①。

第七,构建强制性组织公民行为的影响因素体系并通过文献比较(Review Comparison)进行修正与改进,以提高理论模型的内在效度。

第八,在该影响因素体系的基础上,对研究资料进行进一步分析,探讨员工强制性组织公民行为的形成过程,构建强制性组织公民行为形成路径的全模型。

3. 中国背景下强制性组织公民行为的形成路径研究

研究内容包括:

第一,在得到强制性组织公民行为影响因素体系的基础上,基于强制性组织公民行为形成路径的全模型,从个体心理安全认知(Psychological Safety)的视角,构建上司辱虐管理对员工强制性组织公民行为影响的理论模型,并基于文化的自我表征(Cultural Self-Representation)理论(Erez 和 Earley,1993)[19],考虑描述中国人性格与价值取向的代表性概念——传统性(Chinese Traditionality)在其中的调节作用。

第二,基于理论模型分析提出研究假设,形成本研究的假设树。本研究假设上司辱虐管理通过个体心理安全感的中介作用显著影响员工强制性组织公民行为,同时这一中介作用受到员工传统性的调节,由此构建本研究的"被调节的中介效应模型"(Moderated Mediation Model)。

第三,通过描述性统计法、CITC 检验(Corrected-item Total Correlation,即在同一变量维度下,每一项目与其他所有项目之和的相关系数)、信度分析、验证性因子分析、相关分析、层次线性回归分析(Hierarchy Linear Regression)、Sobel 检验、拔靴法(Bootstrap Estimate)以及 Preacher 等人(2007)[20]对于"条件性间接效应"(Conditional Indirect Effect)的检验框架等方法对研究假设进行实证验证。

---

① 所谓理论饱和,是指以个别典型样本的资料分析所构建的初步理论,需要通过新的样本来检验和修正,如果理论能吻合新样本的需求,则称为理论饱和。

第四,对验证结果进行分析和讨论。

4. 中国背景下企业员工强制性组织公民行为的结果研究

研究内容包括:

(1) 个体层次:强制性组织公民行为对员工组织公民行为的影响机制研究

第一,基于文献研究和理论推演,在个体层次构建强制性组织公民行为对员工组织公民行为影响的理论模型。

第二,基于理论模型分析提出研究假设,形成本研究的假设树。其中,基于 Tajfel(1982)[21] 的社会认同理论(Social Identity Theory)和 Lind 等(2001)[22] 人的公正启发理论(Fairness Heuristic Theory),本研究假设在强制性组织公民行为对员工工作行为、工作态度和工作绩效的影响过程中,员工的组织认同起到显著的中介作用,互动公平起到显著的调节作用。

第三,通过描述性统计法、CITC 检验、信度分析、验证性因子分析、相关分析、层次线性回归和 Sobel 检验等方法对研究假设进行实证验证。

第四,对验证结果进行分析和讨论。

(2) 团队层次:强制性组织公民行为对团队绩效的影响机制研究

第一,基于文献研究和理论推演,在团队层次构建强制性组织公民行为对团队绩效影响的理论模型。

第二,基于理论模型分析提出研究假设,形成本研究的假设树。其中,基于经典的 IPO(Input-Process-Output,投入-过程-输出;McGrath,1984)[23] 团队研究模型,本研究将团队层次的强制性组织公民行为看作团队"投入",团队心理安全看作团队"过程",团队绩效看作团队"输出",假设强制性组织公民行为通过团队心理安全的中介作用影响团队绩效。

第三,通过描述性统计法、CITC 检验、信度分析、验证性因子分析、数据聚合分析、相关分析、层次线性回归和 Sobel 检验等方法对研究假设进行实证验证。

第四,对验证结果进行分析和讨论。

1.3.2　研究方法

本书采用的研究方法主要有:

(1) 理论推演

本书在界定中国背景下强制性组织公民行为的概念,凝练强制性组织公民行为的内涵,阐释强制性组织公民行为的特点,识别强制性组织公民行为构成要素,辨析强制性组织公民行为各个构成要素的内涵、形成及相互关系,分析强制性组织公民行为、强制性组织公民行为的前因及结果三者之间的关系,构建中国背景下强制性组织公民行为的形成路径模型,个体层次上强制性组织公民行为对组织公民行为的影响机制模型,以及团队层次上强制性组织公民行为对团队绩效的影响机制模型等方面,采用文献分析、比较研究和逻辑推理等理论推演方法。

(2) 定性研究

本书在探索中国背景下强制性组织公民行为的影响因素时,采用了扎根理论(Grounded Theory)的定性研究方法,借助访谈调查、资料整理、确立编码单元、开放式编码、主轴编码、核心式编码等方式,提出了一个以"中国背景下强制性组织公民行为影响因素"为核心范畴,涵盖 3 个主范畴、24 个正式范畴和 192 个初步概念的体系结构,并在此基础上构建了强制性组织公民行为影响因素的结构体系,分析了强制性组织公民行为的形成过程,初步完成了强制性组织公民行为形成路径的全模型的理论构建工作。

(3) 实证研究

包括问卷调查和统计分析等,本研究在开发中国背景下强制性组织公民行为问卷,验证强制性组织公民行为、强制性组织公民行为前因变量及强制性组织公民行为结果变量三者之间的关系,中国背景下强制性组织公民行为的形成路径模型,个体层次上强制性组织公民行为对组织公民行为的影响机制模型,以及团队层次上强制性组织公民行为对团队绩效的影响机制模型时,均需要设计考察各个变量的问卷以及样本基本情况的调查表,对其进行取样、施测。对收集上来的数据进行统计分析,揭示各个变量之间的关系。除了采用信度、效度、相关、回归、因素分析等技术考察各变量之间的一般关系外,还拟采用层次线性回归、Sobel检验、拔靴法(Bootstrap Estimate)以及 Preacher 等人(2007)[20]对于"条件性间接效应"(Conditional Indirect Effect)的检验方法等技术考察变量相互作用的方向,最终确立各变量关系的理论模型。

1.4 研究方案及可行性分析

1.4.1 研究方案

本研究的研究内容,涉及中国背景下强制性组织公民行为的结构研究、中国背景下强制性组织公民行为的测量研究、中国背景下强制性组织公民行为的动因研究和中国背景下强制性组织公民行为的结果研究等方面。在具体研究中,将通过文献研究、理论归纳和探索性分析等,构建理论模型并提出研究假设;通过实证研究验证假设真伪,修正理论模型并形成研究结论;在此基础上,结合我国企业管理实践,进行运用研究,提出抑制或消除员工强制性组织公民行为的策略。研究方案如图1-1所示。

中国背景下企业员工的强制性组织公民行为研究：结构、测量、动因与结果

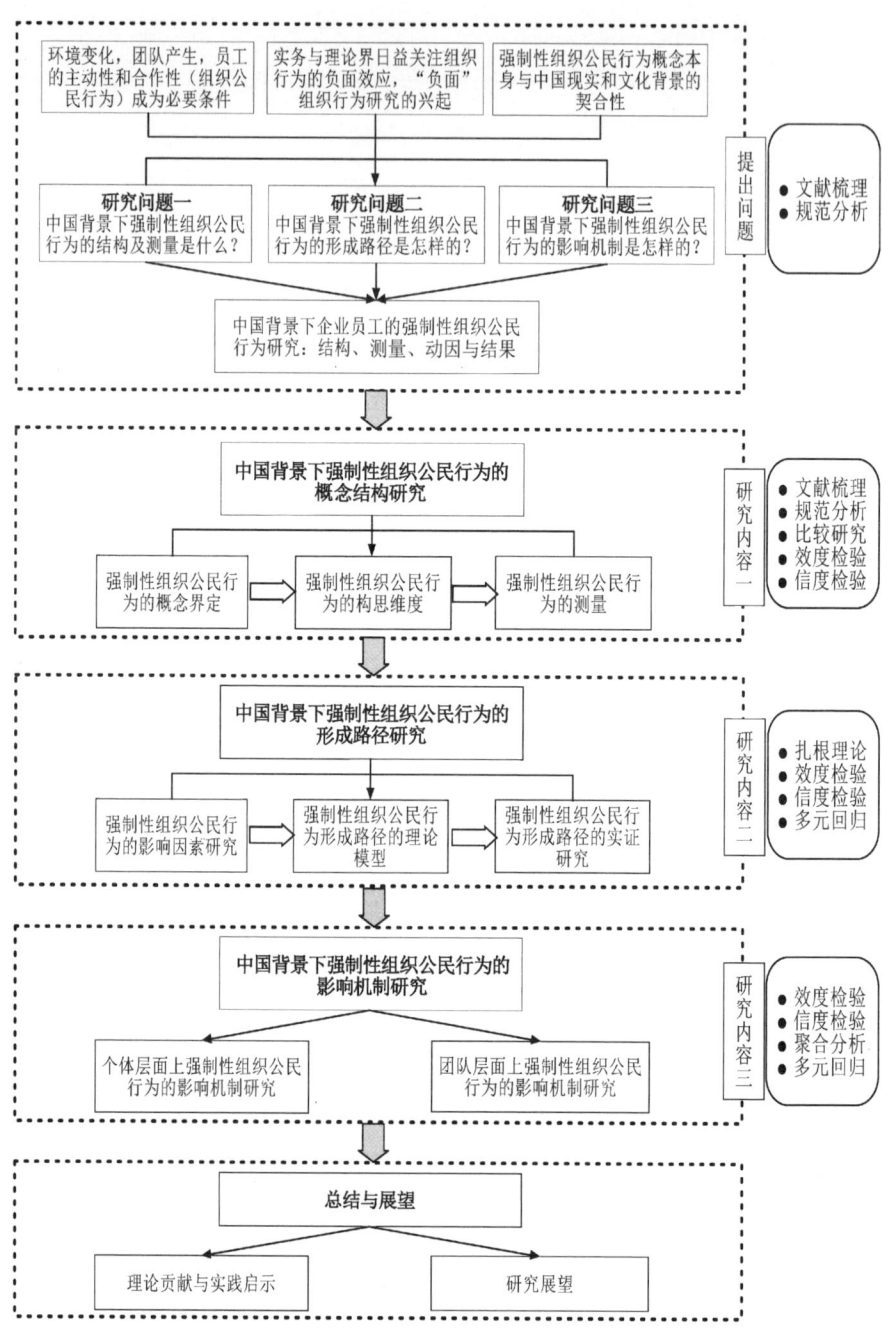

图 1-1 本书研究方案示意图

1.4.2　可行性分析

从本书研究拟定的技术路线可知,理论层面的研究安排和内在逻辑关系合理,技术层面的方法也大都是管理学研究中经常使用的成熟工具或方法,具有较大的可靠性和可操作性。具体来说:

(1) 本研究具有一定的现实意义和理论价值,具备研究的必要性。

(2) 笔者针对研究提出的问题已进行了较长时间的预研工作。围绕强制性组织公民行为、组织公民行为、社会交换理论、社会认同理论等内容,对国内外相关文献和资料进行了系统深入的研究,取得了众多一手资料。本研究确定的研究内容、研究目标和拟采用的研究方法是可实现、可操作的。

(3) 导师长期从事组织行为与人力资源管理方面的研究,具有丰富的知识与研究经验,能够给予科学的指导。

(4) 笔者曾完成多项相关研究工作,涉及组织行为、人力资源管理、行为经济学、心理学等,为本研究积累了丰富的经验;加之以同济大学经济与管理学院为依托,有较为完备的科研设施和良好的工作环境。

1.5　本书框架及内容安排

本书共分7章。

第1章是引言。首先从企业竞争环境的改变、强制性组织公民行为的危害性,以及强制性组织公民行为与中国现实背景的契合性等方面介绍了研究的现实背景,并从组织行为"阴暗面"研究的兴起、中国背景下强制性组织公民行为研究的不足,以及强制性组织公民行为与中国文化背景的契合性等方面介绍了本研究的理论背景;在此基础上,阐释了本研究的理论意义和实际应用价值；随后，详细阐述了研究内容、研究方法、研究方案、可行性分析、整体研究框架等；最后，介绍了本研究的研究特色和创新之处。

第2章是文献综述。首先对组织公民行为、强制性组织公民行为、社会交换理论和社会认同理论的相关研究进行回顾与论述，大体上明晰了国内外相关研究的研究现状；在此基础上，本研究把既有文献已取得的研究进展与尚需进一步解决的问题进行评述总结；最后，在总结前人研究已经取得的进展和不足的基础上，提出本研究拟解决的问题。

第3章是中国背景下强制性组织公民行为的概念结构研究。国内外关于员工强制性组织公民行为的研究大多处于概念的探讨阶段，相关的结构探索和问卷开发较为鲜见。因此，在这一章首先基于访谈和文献分析，对员工强制性组织公民行为动因的条目进行归纳，探索中国背景下强制性组织公民行为的结构维度，并开发出具体的测量工具。再经过预试和正式问卷调查，利用探索性因素分析、验证性因素分析以及信度分析得到员工强制性组织公民行为的合理结构和测量工具。

第4章是中国背景下强制性组织公民行为的影响因素研究。首先，通过深度访谈获取中国背景下强制性组织公民行为影响因素的原始研究资料；其次，按照扎根理论的思路采用开放式编码、主轴编码以及选择式编码等方法，对研究资料进行细致的分析；第三，基于文献分析和扎根理论研究结果，从指向组织外生情境的公民压力、指向组织内生情境的公民压力和指向员工个体感知的公民压力等三个主范畴构建强制性组织公民行为的影响因素体系；最后，在该影响因素体系的基础上，对研究资料进行进一步分析，探讨强制性组织公民行为的形成过程，构建强制性组织公民行为形成路径的全模型。

第5章是中国背景下强制性组织公民行为的形成路径研究。首先，在强制性组织公民行为影响因素体系的基础上，结合强制性组织公民行为形成路径的全模型和文献分析,从个体心理安全认知的视角,构建上司辱虐管理对员工强制性组织公民行为影响的理论模型,并考虑中国人传统性在其中的调节作用;其次,基于理论模型分析提出研究假设,形成研究的假设树;第三,通过信效度分析、相关分析、层次线性回归、Sobel检验、拔靴法(Bootstrap Estimate)及 Preacher 等人(2007)[20]对于"条件性间接效应"的检验框架等方法对研究假设进行实证验证;最后,对验证结果进行分析和讨论。

第6章是中国背景下强制性组织公民行为的结果研究。分为两个子研究:个体层次上强制性组织公民行为对组织公民行为的影响机制研究(子研究一)和团队层次上强制性组织公民行为对团队绩效的影响机制研究(子研究二)。首先,基于文献研究和理论推演,在个体层次构建强制性组织公民行为通过组织认同的中介作用和互动公平的调节作用对员工组织公民行为影响的理论模型,同时在团队层次构建强制性组织公民行为通过团队心理安全的中介作用对团队绩效影响的理论模型;其次,基于理论模型分析提出研究假设,形成研究的假设树;第三,通过信度分析、效度分析、聚合分析、相关分析、层次线性回归、Sobel 检验以及拔靴法等方法对研究假设进行实证验证;最后,对验证结果进行分析和讨论。

第7章是研究结论与研究展望。首先总结前面章节验证的结论;其次根据相关结论提出本研究的实践启示;最后分析了本研究的不足和未来的研究方向。

1.6　研究特色及创新之处

1.6.1　研究特色

一是突出理论创新性。本研究围绕强制性组织公民行为这一新的研究问题,继承性地综合运用了前人的分析方法与研究成果,通过理论分析与逻辑推导,从理论上探讨强制性组织公民行为的概念、结构、测量、形成和结果,具有理论上的创新特色。

二是突出结论严谨性。本研究综合运用定性研究(扎根理论方法)和定量研究(层次线性回归、Sobel 检验、拔靴法和条件性间接效应检验等)相结合的方法,对中国背景下强制性组织公民行为的结构、测量、形成路径和影响机制等进行分析,相关结论具有更严格的理论基础和更严谨的论证过程。

三是突出实际指导性。本研究的研究结论对本土企业构建好和谐的劳资关系、实施更加人性化的管理、制定适应我国经济转型与结构调整中的人力资源管理策略具有一定的指导意义。

1.6.2 创新之处

第一,关于中国背景下企业员工强制性组织公民行为结构及测量的研究,深化了学界对组织公民行为以及强制性组织公民行为研究的认识。

强制性组织公民行为概念是在组织公民行为概念的基础上发展起来的,这一新概念不易清晰界定,也较难涵盖组织公民行为负面效应的方方面面。理论界对强制性组织公民行为的内涵探讨不足,且鲜有研究涉及其构思维度。由于概念和结构的缺乏,因此也缺少系统全面的强制性组织公民行为测量工具。而且以往关于强制性组织公民行为结构和测量的研究大多基于西方文化背景,尽管理论上可行,但这些维度结构较难嵌入中国文化背景中。

本研究首先从行为主体、行为客体、行为性质和行为结果四个方面对强制性组织公民行为的内涵进行了界定;然后基于访谈和文献分析,对表达强制性组织公民行为内涵的条目进行分类、归纳和分析,确立了中国背景下强制性组织公民行为的二维结构,即:指向个体的强制性组织公民行为(CCBs Directed to Individuals,CCBI)和指向组织的强制性组织公民行为(CCBs Directed to Organization,CCBO);最后,结合相关理论,并经过预试和正式问卷调查,利用探索性因素分析、验证性因素分析以及信度分析等统计技术,开发了一个包含2个维度12个项目的强制性组织公民行为问卷,初步完成了强制性组织公民行为的理论构建工作。

第二,关于中国背景下企业员工强制性组织公民行为影响因素的研究,弥补了以往研究对员工强制性组织公民行为的预测缺少理论依据的缺陷。

目前有关强制性组织公民行为影响因素的研究观点各异,而且多是借鉴了组织公民行为的研究,即把组织公民行为的影响因素转换为强制性组织公民行为的前因变量,继而探讨这些变量与强制性组织公民行为是否相关。相关结论虽然能够讲得通,但缺少理论依据,也难以深入挖掘和系统整合具体模式与因素之间的各种关系,以至于某些结论缺乏实用性、科学性和说服力。

本研究按照扎根理论的思路采用开放式编码、主轴编码以及选择式编码等方法,结合文献分析,从指向组织外生情境的公民压力、指向组织内生情境的公民压力和指向员工个体感知的公民压力等三个主范畴构建了强制性组织公民行为的影响因素体系。在此基础上从信息收集过程、预评估过程和行为决策过程三个阶段分析了强制性组织公民行为的形成过程,并构建了员工强制性组织公民行为形成路径的全模型。

第三,关于中国背景下企业员工强制性组织公民行为形成路径的研究,弥补了以往研究缺少诠释强制性组织公民行为形成机制的不足。

在有关强制性组织公民行为的已有文献中,均或多或少地涉及了强制性组织公民行为的形成原因。例如,Vigoda-Gadot(2007)[9]指出,现有的市场压力和高竞争氛围会迫使领导通过所有可能的方式提高组织效率,而来自领导追求组织公民行为的压力,也增加了员工强制性组织公民行为形成的概率。但是就现有的研究而言,鲜有文献涉及强制性组织公民行为的形成机制问题,仅有的几项研究也多是采用少数几个成因加以共同诠释,不够深入与科学。

本研究在得到强制性组织公民行为影响因素体系的基础上,结合强制性组织公民行为形成路径的全模型和文献分析,从个体心理安全认知的视角,构建了上司辱虐管理对员工强制性组织公民行为影响的理论模型,同时考虑员工个体差异(员工传统性)在其中的调节作用,并结合实际调研结果进行了实证验证。

第四,关于中国背景下企业员工强制性组织公民行为结果的研究,丰富了强制性组织公民行为对其结果变量的影响机制研究。

目前对强制性组织公民行为结果的研究相比其动因的研究要多一些,并得出了比较一致的结论,如降低组织公民行为、角色内行为、工作满意度、创新行为、群体组织公民行为及工作绩效,增加工作压力、离职意向和反生产行为等。但是,关于强制性组织公民行为如何对个体表现、团队产出和组织效能产生影响,以及哪些变量起中介或调节作用等问题,我们还知之甚少。

本研究分别从个体和团队两个层次研究了强制性组织公民行为的影响机制。具体地,在个体层次,基于社会认同理论和公正启动理论,构建了强制性组织公民行为对员工工作行为、工作态度和工作绩效影响的理论模型,同时考虑组织认同的中介作用以及互动公平的调节作用,并结合实际调研结果进行了验证。在团队层次,基于经典的 IPO 团队研究模型,将团队层次的强制性组织公民行为看作团队"投入",团队心理安全看作团队"过程",团队绩效看作团队"输出",构建了强制性组织公民行为通过团队心理安全的中介作用影响团队绩效的理论模型,并结合实际调研结果进行了验证。

1.7　本章小结

本章首先从企业竞争环境的改变、强制性组织公民行为的危害性,以及强制性组织公民行为与中国现实背景的契合性等方面介绍了论文研究的现实背景,并从组织行为"阴暗面"研究的兴起、中国背景下强制性组织公民行为研究的不足,以及强制性组织公民行为与中国文化背景的契合性等方面介绍了论文研究的理论背景;在此基础上,阐释了本研究的理论意义和实际应用价值;随后,详细阐述了本研究的研究内容、研究方法、研究方案、可行性分析、论文的整体研究框架等;最后,介绍了本研究的研究特色及创新之处。

第2章
文献综述[*]

2.1 组织公民行为

　　组织公民行为是近年来组织行为学领域中深受关注的内容之一。组织公民行为理论的提出是组织行为学发展的必然结果。早在半个多世纪以前,Barnard(1938)[24]就提出:对整个组织系统而言,组织中每一个个体的合作意愿都是不可或缺的。员工的合作意愿对正式结构而言,是一个关键因素,否则正式结构就成了一个空壳。1967年,Thompson在其组织结构理论中[25],对自觉合作行为的重要性作了详细的阐述。即,每一个组织应重视员工的自觉合作行为,因为任何组织系统的设计均不可能完美无缺,如只依靠组织规定的每一位员工的角色内行为,将难以达成组织目标,因而必须同时依赖于员工的合作意愿(角色外行为),以促进组织目标的实现。在此基础上,Bateman 和

---

　　* 本部分成果已发表在以下论文中:
　[1] 彭正龙,赵红丹.强制性公民行为研究述评[J].外国经济与管理,2010,32(6):46-51.(人大复印资料《管理科学》2010年第11期全文转载)
　[2] 赵红丹,彭正龙.服务型领导与团队绩效:基于社会交换视角的解释[J].系统工程理论与实践,2013,33(10):2524-2532.

Organ 在 1983 年正式提出了组织公民行为(OCB)的概念,也逐渐确立了组织公民行为的理论基础[26]。而组织公民行为也不断地外延着其涉及领域,目前已广泛应用在人力资源、市场营销、经济学、军事、医疗等领域。

2.1.1 组织公民行为的内涵及测量

(1) 组织公民行为的概念

组织公民行为的概念最早可以追溯到 Barnard(1938)[24]所提出的"想要合作的意愿"(willingness to cooperate)及 Katz 和 Kahn(1966)提出的"组织公民"概念[27]。Katz 和 Kahn(1966)[27]认为有效的组织应该有三种基本功能:① 必须吸引并留住员工;② 确保员工以可信赖的方式符合组织特定角色的要求;③ 员工必须有创造性与自发性行为,其行为表现超越角色规范。Bateman 和 Organ(1983)[26]将第三种行为称为"组织公民行为",并把它定义为职务外行为,主要指对帮助同事和对组织的责任感。Organ 在 1988 年正式将组织公民行为定义为在组织正式的薪酬体系中尚未得到明确或直接的确认,但就整体而言有益于组织运作成效的行为总和[3]。后来,Organ 在 1997 年又对组织公民行为进行了重新定义,认为它类似于 Borman 和 Motowidlo(1993)[29]提出的关系绩效,能够对组织的社会和心理环境提供维持和增强作用,从而把组织公民行为和关系绩效的内涵统一起来[28]。

(2) 组织公民行为的结构

纵观国内外对组织公民行为的研究文献,相关研究已经具备相当规模,但是研究者们对组织公民行为的维度尚未达成共识。总结起来看,影响较大的有单维度、二维结构、四维结构、五维结构和七维结构等不同的观点,详见表 2-1。

表 2-1　组织公民行为结构的相关研究

维度	代表学者	维度名称	相 关 描 述
单维结构	Bateman 和 Qrgan,1983[26]	组织公民行为	超越角色规范的行为
二维结构	Smith,Organ 和 Near,1983[30]	利他行为	帮助他人,包括领导、同事与顾客,尤其是员工在相关任务与问题上能主动地协助他人
		一般性顺从	表现出尽职的行为
	Williams 和 Anderson,1991[31]	朝向组织的公民行为	以组织为对象的组织公民行为,偏向于组织公益
		朝向个人的公民行为	以个人为对象的组织公民行为,偏向于人际利他
四维结构	Moorman 和 Blackely,1995[32]	人际帮助	当同事在工作上需要帮助时能够给予援助
		个人主动性	为提高个人和团队绩效与同事进行工作上的交流
		个人勤奋	工作表现超过职责的要求
		忠诚拥护	对外维护组织形象
五维结构	Organ,1988[3]	利他行为	指自愿帮助他人解决工作上的问题
		事先知会	帮助他人避免问题的发生
		尽职行为	执行分内的工作
		运动员精神	为了工作愿意忍受不便或做出个人利益的牺牲
		公民道德	积极参加组织的政治活动
五维结构	Farh,Earley 和 Lin,1997[4]	认同组织	与 Organ 的公民道德维度相似,指员工非常愿意对外传播公司的正面消息,维护公司的形象和主动向公司提出改善工作的建议
		协助同事	含义同 Organ 定义的"利他行为"
		尽职行为	含义同 Organ 定义的"尽职行为"
		人际和谐	员工力求避免为追求个人权力或私利而损害别人与组织的行为
		保护公司资产	员工力求避免滥用公司政策和将公司资源变为己用的行为

续 表

维度	代表学者	维度名称	相 关 描 述
七维结构	Podsakoff 等,2000[5]	助人行为	员工为了提升工作品质,而努力自我充实的行为
		运动员精神	员工不仅为了工作愿意忍受不便,而且当事情不如愿时,仍然保持积极的态度,为了团体的利益甘愿牺牲一些个人的兴趣和爱好
		组织忠诚	员工忠诚于组织、保护和祝愿组织发展、支持维护组织发展目标,向外界宣扬组织,保护和维护组织免受外来威胁,并当组织处于逆境时仍然遵守对组织的承诺的行为
		组织服从	员工接受并内化组织的规章制度和程序,并严格认真地遵守,即使在无人在场的情况下也是如此
		个人主动性	员工自愿积极主动地以超过组织最低要求或一般性期望水平的要求来从事工作的行为
		公民道德	员工从总体上对整个组织的关心和承诺,资源监督环境带给组织的威胁和机会
		自我发展	员工自愿从事提高知识、技巧和能力的行为

(3) 组织公民行为的测量

由于采用不同的维度结构,研究者们在对组织公民行为的测量上并未统一。目前几种比较集中的测量工具包括：Smith,Organ 和 Near(1983)[30]编制的二维度量表；Williams 和 Anderson(1991)[31]编制的三维度量表；Moorman 和 Blakely(1995)[32]编制的四维度量表；林淑姬(1992)[33]编制的适合台湾背景的六维度量表；Farh 等人(1997[4],2004[34])编制的适合台湾地区、大陆地区的五维度、十维度量表。

在众多的组织公民行为量表中,最具有代表性的要数 Organ(1988)[3]开发的五维度量表,包括利他主义、文明礼貌、运动员精神、责任意识和公民美德五个维度,共 22 个题项。其他量表大多数都是以此为基础开发、修改而成的。

2.1.2 组织公民行为的源头

从组织公民行为概念产生开始,学者们就没有停止过对其影响因素的讨论,目前所普遍接受的观点是 Podsakoff 等(2000)[5]的研究,他在回顾过去近20年的文献的基础上,将组织公民行为的影响因素归纳为四个方面:个体特征、任务特征、组织特征和领导行为。

(1) 个体特征(Personal Characteristics)

个体特征是组织公民行为前因变量研究的重点,主要包括态度和动机两个部分。其中,在个体态度方面,相关的研究主要包括工作满意度、承诺、个体知觉组织支持等方面(如:Bateman 和 Organ,1983[26];Farh,Podsakoff 和 Organ,1990[35];Moorman,1991[36];Williams 和 Anderson,1991[31];Van Dyne,Graham 和 Dieneseh,1994[37];等);在动机方面,相关的内容主要包括员工个人可能获得的补偿、职位升迁、逢迎领导、损害其他员工形象等(如:Bolino,1999[38];Eastman,1994[39];Gilbert 和 Silvera,1996[40];Hui 等,2000[41];等)。另外,Hui 等人(1999)[42]的研究还显示,个体知觉的灵活性对其组织公民行为具有负向影响作用。

(2) 任务特征(Task Characteristics)

任务特征主要包括任务反馈、任务常规性、任务常规化等形式。例如,Podsakoff 和 MacKenzie(1995)[43]的研究发现,任务特征与组织公民行为存在着稳定的相关关系。具体而言,任务反馈、任务常规化及满意度都与利他行为、责任感、运动员精神及公民道德间呈显著性相关。Todd 和 Kent(2006)[44]的研究也表明任务特征与组织公民行为显著相关。

(3) 组织特征(Organizational Characteristics)

组织特征主要包括组织层面的行为和态度的因素。例如,Hui 等人

(1999)[42]的研究发现组织凝聚力有助于促进利他性、责任感、运动员精神及公民道德,但是组织的正规化、员工的空间距离等特征因素与组织公民行为不存在显著性相关性。Piercy 等人(2006)[45]的研究也显示,组织支持与员工的利他性有显著相关性。

(4)领导行为(Leadership Behaviors)

领导行为是组织公民行为的一个重要前因变量,主要包括变革型领导、领导—部属交换、魅力型领导、道德型领导和诚信领导等方面。例如,Wang 等人(2005)[46]的实证研究表明,变革型领导行为、领导—部属交换与组织公民行为的各个维度之间都在 95% 的置信水平上显著相关。Walumbwa 等人(2008)[47]的研究也发现在控制交易型领导和道德型领导的情况下,诚信领导与组织公民行为显著正相关。

需要指出的是,上述前因变量并不是在任何条件下都能够对组织公民行为产生影响的(如:Williams 和 Anderson,1991[31];Schappe,1998[48];Alotaibi,2001[49];等)。因此,在不同情境下,组织公民行为的影响因素及影响程度都是不一样的,对于组织公民行为前因变量的探讨也需要结合不同情境下的特征来综合讨论。

2.1.3 组织公民行为的结果

由组织公民行为的定义就可以了解,组织公民行为是能够提高组织绩效和效能的。例如,Organ(1988)认为员工的组织公民行为可以起到组织润滑作用,减少组织摩擦和组织交易成本,从而提高组织绩效[3]。Podsakoff 等(2000)[5]对组织公民行为过去文献的元分析表明,组织公民行为可以解释绩效数量变异的 19%、绩效质量变异的 18%、财务效率指数变异的 25% 及客户服务的 38%(郭晓薇,2004)[50]。

当然也有学者提出了不同意见,因为组织绩效的评价和测量本身的多维度性和难以测量性,认为组织公民行为与组织绩效关系不明显。本研究认为可能的原因是,由于组织公民行为的涉及范围十分广泛,不同情境下所包含的内容都不尽相同。因此,对于组织公民行为结果变量的讨论也会受到其内涵不确定性等因素的影响。事实上,国内外研究者对组织公民行为与组织绩效关系的实证研究还非常有限,并且也未提出一个明显的作用机制来解释组织公民行为是如何实现组织绩效的(林泉、林志扬,2008[51];邹琼、梁小威,2008[52])。但是学术界对组织公民行为结果变量的研究还在不断的探索与讨论当中,而且普遍认为:组织公民行为会影响组织效能和组织绩效,会影响绩效评价及相关人事管理决策。

2.2 强制性组织公民行为

2.2.1 强制性组织公民行为的内涵及测量

(1) 强制性组织公民行为的概念

强制性组织公民行为(compulsory citizenship behavior,CCB)是在组织公民行为边界划分过程中产生的概念,更可以认为是与组织公民行为对比所产生的概念。简单而言,组织公民行为强调自发性,而强制性组织公民行为强调强制性,但是两者所指的公民行为都是超越了员工的工作职责范围(彭正龙、赵红丹,2010)[53]。由此可见,组织公民行为与强制性组织公民行为有着紧密的联系,从学界对组织公民行为的界定过程也可在一定程度上探析强制性组织公民行为的发展过程。

Organ对组织公民行为界定的三阶段可以说是比较典型的界定过程,也反映了学界对组织公民行为内涵的不同认知阶段(彭正龙、赵红丹,2010)[53]。Bateman和Organ在1983年提出组织公民行为这一概念时,将其定义为:管理者期望的但又不能通过强制、奖赏、惩罚等形式要求员工去做的行为(Bateman和Organ,1983)[26];随后,Organ在

1988年又将组织公民行为重新界定为：在组织正式的薪酬体系中尚未得到明确或直接的确认，但就整体而言有益于组织运作成效的行为总和(Organ,1988)[3]；后来，Organ发现组织公民行为和职务要求的行为有一些交叉重叠的部分，于是在1997年又将组织公民行为界定为：有助于维持和增强任务绩效的社会和心理环境的行为。从对组织公民行为概念本身界定的争议和趋势可以看出，组织公民行为已经从早期无私利他的行为动机理论假设中背离出来，并且认识到并非所有的组织公民行为都是有利于组织的(Organ,1997)[28]。另外，Organ还在定义过程中着重指出了组织公民行为的自愿性特色，通过区分公民行为的自愿性与非自愿性，推断非自愿性的角色外行为或许也是组织公民行为的一部分(Vigoda-Gadot,2006)[10]。这一观点引起了后续研究者的注意，并发现了一些有意义的结论(Zellars等，2002[54]；Tepper等，2004[55])。他们指出，由于组织中辱虐管理的存在，组织公民行为并不总是个体的自愿性选择，还会通过压制、剥削、诋毁等管理方式强加于员工，形成强制性组织公民行为。所以，如果仅仅凭借传统的组织公民观点来解释员工行为，那么，在考虑到行为的深层次动机的情况下，传统意义上的组织公民行为就很难判断行为者是否为一个真正的"好战士"。

虽然以往有过许多有关强制性组织公民行为的研究，然而研究者却很少关注强制性组织公民行为的定义及其与组织公民行为的区别。学者们在进行有关强制性组织公民行为的研究时，很少对其进行概念界定和内涵解释。直到2006年，Vigoda-Gadot教授才给出了较为正式的强制性组织公民行为定义，并且较详细地阐述了强制性组织公民行为与组织公民行为之间的区别与联系。从此，学者们对强制性组织公民行为这个概念有了比较清晰的认识，能够较准确地测量这个概念并交流这方面的研究成果。

Vigoda-Gadot(2006)[10]的研究发现，现有的市场压力和高竞争氛围会迫使管理者通过所有可能的方式提高组织效率,即使管理者的这种领导方式不是敌对的,但是追求高水平组织公民行为以提高组织效率的压力,也增加了管理者采用诸如辱虐、剥削等强制性手段来提高员工组织公民行为的可能性。在此情况下,员工也可能感觉到,除非乐于承担这些公民活动,否则会危及自己的工作职位或组织地位。此时的利他行为、尽职行为、运动家精神、谦恭有礼和公民道德等公民行为可能在显性层面得到完全展现,但是公民行为原有的自愿性、利他性等特色在隐性层面会发生极大的变异。Vigoda-Gadot(2007)[9]证明了组织公民行为在受到外部压力的情况下,利他(Altruistic Behavior)、尽职(Conscientiousness)、运动员精神(Sportsmanship)、谦恭(Courtesy)和公民美德(Civic Virtue)等5个维度均失去自发性,说明强制性组织公民行为确实存在于组织之中。通过对组织公民行为边界的重新界定,他提出了强制性组织公民行为的概念,即员工感受到来自主体、客体及环境的压力,被迫表现出的一种非自发性公民行为。

(2) 强制性组织公民行为与组织公民行为的关系

如前所述,强制性组织公民行为是在组织公民行为基础上发展的一个新概念,两者存在着紧密的联系和严格的区别。两者都承认个体在组织中会表现出超越工作职责范围的公民行为,但是在具体表现和内涵上存在很大差异(Vigoda-Gadot,2006)[10]。

首先,组织公民行为强调这些行为必须是组织成员自觉自愿表现出来的公民行为,倾向于认为员工是"好士兵";而强制性组织公民行为强调这些行为是组织成员受到外部压力被迫表现出来的公民行为,倾向于认为员工是"好演员"(Vigoda-Gadot,2007)[9]。

其次,组织公民行为强调这些行为是组织成员的一种非正式的、无私利他的奉献行为,其既定的假设在于组织成员是基于其某种人格倾向或责任感来帮助他人或组织的;而强制性组织公民行为强调这些行为并非因员工具有良好的人格品质而自然展现的,表现组织公民行为只是为了达成某种目的(如逢迎、升迁、印象等),这种组织公民行为带有明显的工具性动机,主要包括利他的动机、对组织关系的动机和印象管理的动机3种(Rioux和Penner,2001)[56]。随后,又有研究者系统地对传统上组织公民行为研究中3个基本假设进行质疑,发现组织公民行为也可能出于利己的动机和消极的工作态度,进一步支持了上述观点(Bolino等,2004)[57]。譬如,就有相关的研究发现,有些员工会将组织公民行为作为获得升迁的工具。他们在组织做出升迁决定之前,会展现较多的组织公民行为,这使他们比那些展现较少组织公民行为的员工更容易获得升迁。但是,在获得升迁之后,会因为目的已经达到而减少组织公民行为的展现(Hui等,2000)[41]。由此可见,强制性组织公民行为与组织公民行为在内在动机方面存在着显著的差异。

第三,组织公民行为强调这些行为不是由正式的奖惩系统来评定的行为,它的完成不会被组织所奖赏,员工不从事这些行为也不会为组织所惩罚;而强制性组织公民行为强调这些行为并不是一个没有正式组织酬赏的奉献行为,它给员工带来的也不仅仅只是精神上的美誉,在管理实践中,组织成员展现公民行为确实能为其带来实质的组织酬赏。另外,如果员工不能表现出上司期望的活动或行为,就可能会危及自己的晋升、考核、职位等(Vigoda-Gadot,2007)[9]。Allen和Rush(1998)[58]的研究也发现,有高度组织公民行为的员工触发了主管的正面情感,使他们获得较好的考核成绩;同时,组织公民行为也影响了主管关于提升、培训以及报酬分配等的决策行为。

(3) 强制性组织公民行为的测量

虽然组织公民行为的负面效应早就得到关注,但是相关的研究成果较少,再加上强制性组织公民行为概念提出的时间较短,所以尚未形成系统的理论,尚无得到普遍认可的测量工具。

早期的研究者认为强制性组织公民行为是组织公民行为的负面反应,主张从组织公民行为测量项目的相反面建构测量量表以测量强制性组织公民行为(Porpara,1989[59];Morrison,1994[60];Zellars 等,2002[54])。但是这种测量方法没有抓住组织公民行为和强制性组织公民行为的区别点,不能完全反映强制性组织公民行为的特性,较之直接测量,其准确性可能难以保证。所以并未引起相关学者的关注,也未形成专门测量强制性组织公民行为的工具。

直到 2007 年,Vigoda-Gadot 教授在清晰界定组织公民行为与强制性组织公民行为边界的基础上,参考测量组织公民行为的工具和已有关于组织公民行为负面效应的研究文献,开发了一个含有 5 个项目的量表来测量强制性组织公民行为[9]。即:迫于上司的压力,我要付出额外的努力来满足其工作要求;公司内有义务加班的习惯;上司总是期望我在工作上付出更多的努力;即使不情愿,我不得不义务帮助其他同事;即使不情愿,我也不得不义务协助上司的工作。他还对以色列北部 13 个学校内 286 位教师的样本进行了实证检验,结果表明该问卷具有较好的信度(信度系数 α 为 0.83)和效度(结构效度和区别效度)。不过正如作者在研究局限中所说的那样,其研究样本主要来自以色列的学校,测量工具在其他组织或文化情境下是否同样适用,仍需进一步研究。

2.2.2 强制性组织公民行为的源头

近二十年来,学者们从个性特征、工作态度、工作特征、群体情境和领导行为等方面对组织公民行为的影响因素进行了广泛的研究,并得出了较为一致的结论:除了个性特征与组织公民行为的关系较弱以外,其他四种影响因素与组织公民行为之间都有显著的相关关系,尤其是工作态度和各种领导行为,它们与组织公民行为的相关性最为显著和稳定(Podsakoff 等,2000)[5]。虽然学者们已经较清晰地阐释了组织公民行为的影响因素,但却很少考察强制性组织公民行为的影响因素。已有的研究为数不多,主要集中在破坏型领导和印象管理等两个方面。

(1) 破坏型领导与强制性组织公民行为的关系

破坏型领导行为是下属感知到的上司持续表现出来的言语或非言语性的敌意行为,但不包括肢体上的接触(Tepper,2000)[61]。破坏型领导行为具有以下特征:① 主观性,即上司行为是否具有破坏性完全取决于下属的主观评价;② 持续性,即破坏型领导行为是上司与下属在工作互动中经常表现出的敌意行为(家常便饭),而不是偶尔才呈现的敌意行为(例如,由于心情不好偶尔发脾气等);③ 敌意性,即下属感知的上司行为必须是不友好的;④ 非肢体接触,即一些非肢体上的接触行为,如辱骂、冷嘲热讽等属于破坏型领导行为,而对于肢体上的接触行为,如性骚扰、殴打等不属于破坏型领导行为(Tepper,2007)[62]。在这一内涵之下,Zellars 等(2002)[54]进一步通过 373 个主管及其下属的配对样本探讨了破坏型领导与强制性组织公民行为的关系,发现破坏型领导能够显著预测员工的强制性组织公民行为,破坏型领导会通过程序公平对强制性组织公民行为产生间接的影响,而且角色定义在其中起到显著的调节作用。Vigoda-Gadot(2006)[10]也认为,由于市场和竞争压力,现代企业的管理者会表现出更多的破坏型领导行为以促进员工的组织公民行为,即使领导者的这种行为没有敌对色彩,但会显著激发员工的强制性组织公民行为感受,进而表现出强制性的组织公民行为。

(2) 印象管理与强制性组织公民行为的关系

印象管理(Impression Management)是指人们影响他人对自己形象认知的过程(Rosenfeld,1995)[63]。印象管理可以划分为 5 个维度:奉承、自我推销、作秀、示弱和威慑。奉承指个体通过献媚或帮助目标观众,从而使得他们对自我的好感增加;自我推销指个体向目标观众展现自身的能力和成就,让目标观众认为他们是很有竞争力的;作秀是指个体自我牺牲或者做出超越自己工作范围的事情,让目标观众认为自我具有奉献精神;示弱是指个体散布消息让目标观众知道自己的弱点,从而让目标观众认为自己需要帮助;威慑指个体通过制造自己是个危险人物的印象,展现控制人际关系的力量(Jones和Pittman,1982)[64]。组织公民行为可能是员工采取印象管理策略的工具,也可能出于利己的动机或者消极的工作态度(Bolino,1999)[38]。例如,有的员工从事组织公民行为是为了给他人尤其是上司留下好印象,通过帮助他人显示出自己乐于助人,通过参加组织中的活动展现自己多方面的知识技能,引起他人对自己的关注等;某些情况下,员工故意做出一些职责范围之外的事情是为了显示出自己比其他员工表现得更好;有时员工愿意做分外的工作可能是对自己工作职责范围内的工作不感兴趣,或者逃避做自己不喜欢做的事情;对工作之外的个人生活的不满意也会使得员工愿意加班工作。Hui等(2000)[41]的现场准实验研究支持了Bolino的这一观点,该研究显示,员工组织公民行为的动机有印象管理的成分,个体之所以表现出组织公民行为是为了给组织留下一个"好战士"的印象。Rioux和Penner(2001)[56]在分析个体做出组织公民行为的动机时,也指出印象管理是其中的重要动机之一。由此可见,组织公民行为具有工具性特征,有些员工会利用组织公民行为达到获得升迁的目的,等等。这种功利色彩的公民行为已经超越了原有的自发、利他等特性,呈现出强制性组织公民行为的特点。因为,如果不表现出这些领导者期望的行为,就有可能失去晋升的机会甚至是工作职位。

除以上所归纳的影响因素外,还有研究者提出,员工的工作满意度、组织承诺和公平感等可能也对强制性组织公民行为具有显著的预测作用,但并未给出相关的理论推导或实证检验。

从以上研究可以看出,现有强制性组织公民行为影响因素的研究主要是基于客体因素(破坏型领导行为等)和个体因素(印象管理、动机、心理感知等)展开,缺乏对环境因素(组织文化、氛围等)以及各因素间交互作用的研究。另外,文献回顾还表明,强制性组织公民行为的大多数影响因素与组织公民行为的影响因素同源,只是这些影响因素的表现形式或者作用方向不同。如领导行为对组织公民行为和强制性组织公民行为均有显著的预测效果,对强制性组织公民行为作用的表现形式是破坏型领导,而对组织公民行为作用的表现形式是变革型领导等(彭正龙、赵红丹,2010)[53]。但是相关结论尚缺乏实用性、科学性和说服力,也难以深入挖掘和系统整合具体模式与因素之间的各种关系,极有必要采用质性研究进行理论挖掘,以及通过实证分析发现一些重要的现象和信息。

2.2.3　强制性组织公民行为的结果

与强制性组织公民行为的前因变量研究一样,学者们对其后果变量的研究也是刚刚起步,相关研究主要从两方面对强制性组织公民行为的影响效果展开:一是强制性组织公民行为对员工行为和态度的影响,二是对组织效能的影响。

(1) 强制性组织公民行为对员工行为和态度的影响

与组织公民行为一样,强制性组织公民行为对员工的行为和态度也具有显著的影响。行为方面主要体现在角色行为、创新行为、粗心行为等;态度方面主要体现在角色知觉(Role Perception)、工作压力、离职意向、工作满意度等。

从角色知觉角度来看,员工定义的组织公民行为和管理者定义的组织公民行为可能存在很大差异,但迫于威权压力不得不屈从于领导者的组织公民行为定义,将主要精力放在职责范围之外的工作而忽视了本职工作(Vigoda-Gadot,2007)[9]。这在一定程度上会改变员工既有的角色知觉,形成角色模糊(Role Ambiguity)、角色冲突(Role Conflict)及角色超载(Role Overload,有时称为角色冲突的特殊形式,即数量、质量和时间程序的冲突)等角色困境。角色困境的存在又会降低个体的工作满意度和工作绩效,增加工作压力感等(Kahn 和 Byosiere,1992)[65]。Vigoda-Gadot(2007)[9]通过实证的方法进一步支持了这一观点,结果表明,强制性组织公民行为与组织公民行为、角色内行为、工作满意度、创新行为、群体组织公民行为及工作绩效显著负相关;同时,强制性组织公民行为还对工作压力、离职意向、反生产行为等有显著的促进作用。Tepper等(2004)[55]的研究也表明,具有较高强制性组织公民行为的员工会感觉到更高的剥削感和压力感,从而就不会有动力表现出高效的角色内绩效及角色外行为。社会交换理论(Social Exchange Theory)认为,当部属从领导那里获得支持、信任、反馈、资源、机会和其他有形和无形的好处时,他们会产生回报的义务感,从而更加努力工作,并往往也会付出超出自己职责范围的努力。反之,根据互惠规范(Reciprocity Norm),当部属从领导那里获得的是强制、被动等有形和无形的压力时,他们心理上会出现不平衡感,并倾向于采取一定的措施来促使新的平衡,例如降低工作努力程度、怠工等,至于为组织付出额外的贡献,出现的概率则更低了。所以,强制性组织公民行为对员工的行为和态度均应有显著的负向预测效果。

(2)强制性组织公民行为对组织效能的影响

组织公民行为不一定都会带来对组织有益的结果,不一定会使组织成为一个有吸引力的环境,员工也不一定喜欢这样的工作环境(Bolino等,2004)[57]。如果员工争先恐后地刻意去表现出组织公民行为,出现一种"组织公民行为升级"(Escalating Citizenship)的现象,员工会感到更高的工作压力以及工作超负荷;同时,组织公民行为作为一种工具性的行为将增加组织中的政治行为,容易引发员工的不满和员工之间的冲突。Hui 等人(2000)[41]发现,有些员工会将组织公民行为作为获得升迁的一种手段,由于组织公民行为可以博取领导者的好感,使其比那些展现较少组织公民行为的员工更容易获得升迁,所以他们在组织做出升迁决定前，会展现较多的组织公民行为，但是获得升迁之后，会因为目的已经达到而减少组织公民行为的展现。而更严重的后果是这种行为会显著影响其他员工的组织认知和工作态度，阻碍组织整体效能的提高。另外，有些员工愿意做分外的工作可能是对自己工作职责范围内的工作不感兴趣，或者想逃避做自己不喜欢做的事情。这样的组织公民行为都已经变异成了强制性组织公民行为，对组织效能的影响只能是弊大于利。Vigoda-Gadot(2007)[9]通过实证的方法发现强制性组织公民行为可以显著增加组织内员工的压力感和组织政治化，进一步支持了这一观点。所以，一些研究者指出组织过多地依靠员工的组织公民行为来完成组织任务也不是一个好现象，这也正显示出组织的管理存在问题，即职责分工不明确，职位设计不科学。这样，就算花费更长的时间，工作质量也不会高，还不如直接雇佣专职人来做(Bolino等，2004)[57]。

从以上研究可以看出，现有强制性组织公民行为影响效果的研究主要是从员工及组织视角展开，鲜有研究涉及领导视角。领导者是员工的直接接触者，领导行为对员工的行为或态度起到重要的影响作用，而员工的行为或态度也在一定程度上影响着领导者的行为(仲理峰等，2009)[66]。所以，后续研究极有必要研究强制性组织公民行为对领导和部属的双向影响机制。另外，现有研究对于强制性组织公民行为影响路径的研究非常不足，这就为深刻理解强制性组织公民行为的结果以及制定相应的规避措施带来困难。

2.3 社会交换理论

2.3.1 社会交换理论的提出

20世纪50年代中后期，美国国内社会矛盾日益激化，功能主义理论局限不断暴露,人们开始普遍强调个性发展,反对那种只把人作为团体的组成部分,而不把人作为社会个体行动者的观点。在此社会背景下,社会交换理论应运而生,并在全球广泛传播。该理论由美国社会学家Homans(1958)[67]在《美国社会学杂志》(American Journal of Sociology)中首次提出,并在1961年出版了专著《社会行为的基本形式》(Social Behavior: Its Elementary Forms)[68],于是强调个体行为的社会交换理论开始登上美国社会学舞台,并迅速应用在心理学和组织行为等领域。社会交换理论的主要代表人物有彼得·迈克尔·布劳(Peter Michael Blau)[12]和理查德·埃莫森(R. Emerson)[68]等。其中,尤以霍曼斯的行为主义交换论和布劳的结构交换论最具代表性。

2.3.2 社会交换理论的基本假设

社会交换理论源于社会学家对古典经济学的功利主义假设的借用和修正(特纳,2001)[70]。与功利主义假设相比,社会交换理论更贴近真实的社会生活。人们在社会生活中交换着物质和非物质的各种资源,盘算着如何获得更多的社会交换收益,并通过社会交换行为来建立和维持大多数社会关系。其基本假设体现在以下几个方面:

第一,人并不像功利主义认为的那样追求利润最大化,但是会在社会交易中努力获取利润。

第二,人并非是纯粹理性的,但在社会交易中的确会盘算成本和收益。

第三,人并不具备有关选择性方案的所有信息,但他们至少是常常在关注某些选择性方案,这形成了衡量成本与收益的基础。

第四,人经常在约束下行动,但他们仍然在交易中为追求利益而相互竞争。

第五,人经常在交易中追求利益,但当他们进入交换联系中时,受到其所拥有的资源的约束。

第六，人确实都在明确界定的市场中从事经济交易，但这只是在所有社会脉络中发生于个体间的、更为一般意义上的交换关系的特例而已。

第七，人的确在交易中追逐物质性的目的，但他们也动员并交换非物质性的资源，比如情感、服务和符号。

2.3.3 社会交换理论的基本原则

Blau(1964)[12]以散漫论述的形式，在综合功能主义、冲突理论、符号互动理论和霍曼斯的微观社会交换理论的基础上提出了社会交换理论的五种基本原则：

（1）理性原则(Rationality Principle)

这项基本原则认为社会交换是一种以期待回报和换取回报为目的的行动。因此，参与交换过程的行动者与精于计算的"理性经济人"模型之间有很大的相似之处，即他们都会按照"行动 = 价值 × 可能性"的公式来从事交换行动。

（2）互惠原则(Reciprocity Principle)

这项基本原则认为互惠是社会交换的"启动机制"。因此，人们之间交换报酬越多，就越有可能产生互惠的义务并以此来支配以后人们的交换。一旦互惠一方破坏和违反了互惠规范，社会交换过程也就自行终止，甚至导致冲突。具体的行为模式见表2-2。

表2-2 互惠原则下的行为模式

自己：报酬(R) − 成本(C)	后果(O) > 0	行为继续
	后果(O) < 0	行为终止
别人：报酬(R') − 成本(C')	后果(O') > 0	行为继续
	后果(O') < 0	行为终止

注：R = 报酬，C = 成本，O = 后果

(3) 公平原则(Justice Principle)

这项基本原则认为人们在社会交换中,都要对成本与报酬、投资与利润的具体分配比例做出判断。人们建立的交换关系越多,就越有可能受到"公平交换"规范的制约;在交换中,越是不能实现公平规范,被剥夺者就越会倾向于消极地制裁那些违背规范的人。具体的行为模式见表2-3。

表2-3 公平原则下的行为模式

自己的回报:R/C	别人的回报:R'/C'
若 R/C > R'/C'	则愿意继续交往,会体验内疚
若 R/C = R'/C'	则愿意继续交往,会体验公平
若 R/C < R'/C'	则不愿继续交往,会体验愤怒、抱怨

注:R = 报酬,C = 成本,R/C = 回报

(4) 边际效用原则(Marginal Utility Principle)

这项基本原则认为人们在社会交换中,新增某一单位的特定行为得到的满意度或价值越小,则该行动的边际效用越小,并且他们越不可能再次从事此活动。

(5) 不均衡原则(Imbalance Principle)

这项基本原则认为在社会单位中,某些交换关系越是稳定和均衡,其他交换关系就越可能变得不稳定和不均衡。

2.3.4 社会交换理论在组织行为中的应用

从20世纪初社会交换理论被提出开始,它便被广泛应用在社会学、经济学、心理学和行为学等诸多领域。近20年来,社会交换理论更是成为组织行为领域最有影响的理论基础之一,并产生了大量的研究成果。其中,最具代表性地体现在组织中的两种典型交换形式:员工与所在组

织之间的交换——"组织支持感"(Perceived Organizational Support,简称 POS)和员工与直接上司之间的交换——"领导—部属交换"(Leader-Member Exchange,简称 LMX)。

(1) 组织支持感

在传统组织行为学研究中,以往学者主要从员工的需要、动机、承诺和忠诚等角度探讨组织与员工之间的关系。20 世纪 80 年代中期,Eisenberger 等人(1986)[71]提出了一种与之相对的思想——组织对员工的支持和承诺,亦即组织支持感(指员工对组织如何看待他们的贡献并关心他们的利益的一种知觉和看法)。这一概念基于社会交换理论,认为当员工感受到来自组织方面的支持时,会受到鼓舞和激励并产生回报义务,从而在工作中就会有好的表现。自组织支持感的概念提出以后,便得到了国内外学者的高度关注,并取得了很多有价值的结论(许百华、张兴国,2005[72];陈志霞、廖建桥,2006[73];凌文铨等,2006[74];Settoon 等,1996[75];Wayne 等,1997[76])。在组织支持感的前因变量上,以往研究主要聚焦于个体差异、公平、领导支持、组织奖赏和工作条件等方面(Settoon 等,1996[75];Wayne 等,1997[76];Hutchison,1997[77]);在组织支持感的后果变量上,以往研究主要聚焦于组织支持感促进情感承诺和员工绩效,以及降低继续承诺和消极行为等方面(Shore 和 Tetrick,1991[78];Eisenberger 等,2001[79];George 和 Brief,1992[80])。

(2) 领导—部属交换

有关领导—部属交换理论的研究始于 1975 年,最初主要是针对新员工的社会化研究,结果表明领导者对新员工角色的关注对于新员工的发展是相当重要的(Dansereau 等,1975)[81]。Graen 和 Uhl-Blen(1995)[82]在垂直对子联结理论(Vertical-dyad Linkage,VDL)的研究过程中,通过纯理论的推导,得到了这样一个结论:领导者对待下属的方式是有差别的;组织成员关系的集合中往往会包括小部分高质量的交换关系(圈内成员之间),和大部分低质量的交换关系(圈外成员与圈内成员之间)。在后续的研究中,社会交换理论被广泛用于对领导—部属交换的解释(Liden 和 Graen,1980[14];Liden,Sparrowe 和 Wayne,1997[83])。他们认为,领导—部属交换的性质通常表现为两种截然不同的状态:一种是发生在领导与下属之间的、不超出雇佣合同要求范围的经济性或合同性交换;另一种则是发生在领导与其下属之间的、超出了雇佣合同要求范围之外的社会性交换,这种交换关系是建立在领导与下属之间相互的信任、忠诚与相互的责任基础上的。

目前领导—部属交换关系的研究主要着重于探索领导—部属交换在组织中的作用和意义,研究领导部属交换关系与组织绩效、组织行为、组织公平、组织支持等之间的关系。例如,Graen 和 Uhl-Blen(1995)[82]的研究表明:处于高水平领导部属交换关系中的下属,会得到领导更多的支持、更多的工作自由度和信任;而这些员工也会表现出更高水平的工作绩效和组织公民行为,对领导也会更加尊敬和信任。Deluga 和 Perry(1994)[84]等学者研究得出,高质量的领导部属交换关系对提高双方的工作绩效、满意度,改善组织公民行为有显著作用。

2.4 社会认同理论

2.4.1 社会认同理论的提出

群体行为一直是社会心理学研究的一个重要课题,而社会认同理论已成为这一领域最有影响的理论之一(张莹瑞、佐斌,2006)[85]。社会认同理论(Social Identification Theory)是受社会身份理论(Social Identity Theory;Tajfel,1982)[21]启发而建立的理论。社会认同理论产生于对群体间行为解释,它是欧洲心理学本土化的重要成果,对社会心理学具有重要的贡献。该理论认为:人们会采用自己或他人在某些社群的成员资格(Group Membership)来建构自己或他人的身份。依据社群成员资格来建构的身份被称为社会身份(Social Identity),而依据个人的独特素质而建构的身份被称为个人身份(Personal Identity,Hogg,2004)[86]。随后,Turner(1987)[87]又提出了自我归类理论,从而进一步完善了社会认同理论。在20世纪90年代,随着美国社会心理学研究的日趋国际化,社会认同研究被引入美国,并得到迅速发展。在短短数十年间,美国便成为社会认同研究的重镇,而社会认同理论也逐渐成为美国社会心理学研究的主流理论之一(赵志裕、温静和谭俭邦,2005)[88]。社会认同理论强调了社会认同对群体行为的解释作用,它的提出促进了社会心理学在相关领域的发展,为群体心理学的研究做出了巨大贡献(Brown,2000)[89]。

2.4.2 社会认同的内涵

社会认同的概念源自心理学,心理学家Tajfel(1978)[90]最先对其内涵进行了界定,即"个体认识到他属于特定的社会群体,同时也认识到作为群体成员带给他的情感和价值意义"。这一概念可以细分为两层涵义:一是个体对团体或类别的知觉与自己归属的认识;二是在知觉与认识后,个人会将团体或类属与自我相联结,使得该类属或团体的知觉成为自我的一部分。

Tajfel和Turner(1986)[91]详细区分了个体认同与社会认同,认为个体认同是指对个人的认同作用,或通常说明个体具体特点的自我描述,是个人特有的自我参照;而社会认同是指社会的认同作用,或是由一个社会类别全体成员得出的自我描述。

从社会学角度考虑,社会认同是一个社会的成员共同拥有的信仰、价值和行动取向的集中体现,本质上是一种集体观念,它是团体增强内聚力的价值基础(李友梅,2007)[92]。美国社会学家科尔曼(1990)[93]更是提出了社会认同的七种分类：对直接亲属的认同、对国家的认同、对雇主的认同、对主人的认同、对势力强大的征服者的认同、对社区的认同、法人行动者对其他行动者的认同。

总之,虽然心理学和社会学对于社会认同的探讨带有其学科的特性,但都揭示出社会认同作为一个群体成员的自我概念(Self-Concept),提供给人们一种群体成员感知、态度和行为效果的基础。也就是说,一个人对自我在群体方面的考虑越多,他对群体的认同感越强,他的态度和行为受群体成员资格的控制程度越高。

2.4.3 社会认同的动机

人们在选择以某些群体成员资格来建立社会身份时,会以一定的心理动机为基础,已有研究中主要集中在提高自尊、降低无常感或提高认知安全感、满足归属感与个性的需要、找寻存在的意义等四点。当这些动机被激发后,其相应的社会认同历程也随之启动。

(1) 提高自尊

Tajfel(1982)[21]以及 Tajfel 和 Turner(1986)[91]认为人们建立社会身份,是为了通过所认同的群体来提高自尊。首先,社会认同与社会比较有非常密切的关系：人们会评价和比较各群体的优劣、社会地位和声誉,争取把自己编入较优越的群体,并觉得自己拥有该群体一般成员具有的良好特征。其次,当个体认同的社会身份受到攻击或威胁时,人们会在思维或行动上捍卫该群体的声誉。第三,当弱势群体成员感觉到所属群体在声望和权势上都比不上其他群体时,为了维护自己的自尊,会采用多种应对方法,其中包括模仿强势群体以图自强,辨认一些所属群体比强势群体优胜的地方,或离弃所属群体,改为认同强势群体(Hogg 和 Abrams,1988)[94]。

(2) 降低无常感或提高认知安全感

个体除了希望通过社会认同提高自尊外,也希望在此基础上提高社会生活中的认知安全感。这是因为,社会认同有助于个体清楚自己是谁,了解自己和自己认同的群体成员有哪些特征,以及其他群体和群体成员有哪些特征。有了这些知识,人们便感到可以在社会生活中从各人的社会身份,预测各人的行为,并懂得如何与这些人交往(Hogg 和 Mullin,1999)[95]。因此,社会认同可以降低在社会生活中的无常感,赋予人们一种在社会认知上的安全感(Epistemic Security)。

(3) 满足归属感与个性的需要

在社会生活中,人们一方面希望保存个性,另一方面想通过依附群体取得归属感。当人们认同某个群体时,会觉得自己属于那个群体。群体的成员越多,便觉得同道的人越多,归属感也越强。具体而言,当保存个性的需要越大,或满足归属感的需要越小时,人们倾向认同较排外或成员较少的群体(Brewer,1991)[96]。同时,满足归属感的需要和保存个性的需要还会因处境而改变,当人们觉得个人力量可以改变社会制度时,便会较重视自己的个人权利和个性,保存个性需要较强。

(4) 找寻存在的意义

社会认同背后存在的动机之中,还包括找寻生存的意义以及舒解对死亡的恐惧。一般来说,个体在面对死亡时会感到一种存在的恐惧(Existential Terror),但是若能相信自己死后仍能长久地活在自己认同的群体的记忆中,这种存在的恐惧便会暂时得到舒解(Solomon 等,1991)[97]。因此,在想到自己的死亡时,人们便会更认同自己的社会身份,偏袒自己认同的群体,歧视其他群体。

2.4.4 社会认同的过程

Tajfel(1978)[90]认为社会认同的基本过程主要包括社会分类和社

会比较过程。其中,社会分类过程是一个基本的认知过程,在社会分类的过程中,人们首先确认各种群体成员资格的基本标准,然后把一些相互有关的个体定义为同一群体的成员,从而引导人们对各类别组成特征的认识,产生某种预期及反应。人们通过了解自己属于什么群体来认识自己,通过参考自己所属群体的规范确定自己适当的行为。Turner(1985)[98]进一步提出了自我归类理论(Self-Categorization Theory),对Tajfel的社会认同理论进行了补充,他认为个体为了理解社会运用某种标准把社会中的人划分为不同的种类(如:内群体和外群体)。当人们进行分类时会将自我也纳入这一类别中,将符合内群体的特征赋予自我,这就是一个自我归类的过程。

社会比较使社会分类过程的意义更明显,这样使积极区分的原则起作用,而积极区分满足了个体获得积极自尊的需要(张莹瑞、佐斌,2006)[85]。社会比较过程是指人们为了评估自己而把自己与类似的他人进行比较。它通过社会分类过程得出分类的清晰性与意义,以及通过积极区别性原则满足个人的基本自尊动机。因此,人们通过在群体中将自己与他人比较而获得自尊的观念,也能通过把自己看作一个有声望群体的一员而看到自己的光辉。同时,人们在做比较时还倾向于在一些维度上加大群体间的差异,使自己所在的群体获得更积极的评价。这样的结果是产生了不对称的评价和行为,偏向于认同自己所属的群体。

2.4.5　社会认同的应用

社会认同理论的一个重要贡献就在于其揭示了由相对剥夺产生的不满足感受社会认同过程的影响(张莹瑞、佐斌,2006)[85]。自该理论提出之后,"社会认同"概念便被社会心理学所接受,并被广泛应用在心理学和组织行为学等研究领域之中。其中,最具代表性的体现在组织认同理论的发展。

组织认同(Organizational Identification)是 20 世纪 50 年代以来在社会认同概念的基础上发展起来的。Ashforth 和 Mael(1989)[99]从认知特性视角将组织认同定义为:与组织一致或从属于组织的感知。O'Reilly 和 Chatman(1986)[100]从情感特性视角将组织认同定义为:基于与认同目标保持情感满意的自我定义关系的吸引和期望。虽然组织认同的定义视角不同,但都揭示了组织认同是从组织那里折射出来的员工自我,反映的是员工自我概念与组织之间的一种关系(宝贡敏、徐碧祥,2006)[101]。

学者们从不同的视角对组织认同的前因进行了探索,但可以概括为个体特性、组织特性和环境特性三大类,组织特性又包括组织形象、组织氛围、工作特性和文化特性。例如,Albert 和 Whetten(2000)[102]指出,组织特色有利于组织区别于其他组织,进而赋予成员明显突出的自我定义。Smidts 等(2001)[103]发现组织沟通氛围显著地影响组织认同。Mael 和 Ashforth(1992)[104]研究发现,工作年限、满意度和多愁善感的性格对组织认同产生显著影响。就环境特性而言,Mael 和 Ashforth(1992)[104]的研究表明,组织前因中的组织差异性和组织间竞争会对组织认同产生显著的影响。

关于组织认同结果变量的研究,大致可以划分为内部整合和外部适应两个方面(魏钧、陈中原和张勉,2007)[105]。其中,内部整合是指组织对内部的同化整合(Identification Aggregation),外部适应是指组织根据外部情况产生的适应性组织认同(Situated Identification)。从内部整合的角度看,组织认同会显著提高组织公民行为、合作意图、工作满意度和团队凝聚力(Dukerich 等,2002[106];Dick 等,2004[107]);从外部适应角度看,组织认同与成员承诺和持股者承诺显著正相关(Elsbach,1994[108];Scott 和 Lane,2000[109])。

2.5 既有文献述评

2.5.1 既有文献取得的进展

第一,既有文献认为强制性组织公民行为是组织中的普遍现象,许多员工在工作场所中都有过这种行为经历(Vigoda-Gadot,2006[10],2007[9];Peng 和 Zhao,2012[110])。具体而言,Vigoda-Gadot(2007)[9]以以色列 13 所学校为样本的研究发现,75%的员工承认在工作时具有强制性组织公民行为表现。Peng 和 Zhao(2012)[110]通过对我国长三角制造业、服务业、信息业、零售业等多个行业的实证研究表明,中国组织中同样存在强制性组织公民行为,而且表现得更为明显。

第二,既有研究发现员工的强制性组织公民行为与其后续的组织公民行为表现有着紧密的联系,且可以与组织公民行为和角色内行为等术语清晰地区别开来(Vigoda-Gadot,2007[9];Peng 和 Zhao,2012[110];彭正龙、赵红丹,2010[53])。从而能够在工作场所的行为簇(如,组织公民行为、反生产行为、职场排斥行为等)之中代表一个独立的方面(Vigoda-Gadot,2006[10];Morrison,1994[60])。

第三,已有研究对于强制性组织公民行为的影响效果持两种观点:一种观点认为其对组织与员工十分有害,不仅会降低个体的工作满意度、角色外行为和工作绩效,甚至增加工作压力感和离职意愿等(Vigoda-Gadot,2007[9];Tepper 等,2004[55])。另一种观点则认为,强制性组织公民行为虽然具有显著的工具性动机,却能改善员工的工作积极性并提高其短期生产效率(Bolino 等,2004[57];Hui 等,2000[41])。相关结论的不统一除了文化、样本、方法等方面的偏差外,也暗示着某种作用机制的存在。

第四,有关强制性组织公民行为影响因素的研究主要集中在理论探讨阶段,而且大多借鉴了组织公民行为的研究(彭正龙、赵红丹,2010)[53],即把组织公民行为的影响因素转换为强制性组织公民行为的前因变量(如,辱虐管理、印象管理、员工的工作满意度、组织承诺和公平感等),继而探讨这些变量与强制性组织公民行为是否相关(Zellars,Tepper 和 Duffy,2002[54];Vigoda-Gadot,2006[10];Bolino,Turnley 和 Niehoff,2004[57])。

2.5.2 既有研究的不足

综合上述对组织公民行为、强制性组织公民行为、社会交换理论以及社会认同理论等相关文献的回顾,可以发现,组织公民行为理论经过近 30 年的发展,在内涵、结构、测量、前因及后果等方面均取得了一定的进展,但是相关研究尚存在一些不尽完善的地方,仍然有许多值得关注和继续探讨的方向。

(1) 组织公民行为"阴暗面"的研究不足

为了对组织公民行为有全面的认识,研究者除了对组织公民行为有效性予以关注,还需对组织公民行为的阴暗面进行深入研究。强制性组织公民行为作为组织公民行为的阴暗面,逐渐受到国内外学者的关注。加强对强制性组织公民行为的研究实现了对现有组织公民行为理论的有益补充,也有助于我们更全面、更准确地认识组织公民行为,加深对公民行为有效性的理解(Vigoda-Gadot,2006)[10]。

(2) 强制性组织公民行为本身研究的不足

一些学者虽然开始将注意力转向强制性组织公民行为的研究,但作为一个新的研究领域,强制性组织公民行为在概念界定、测量、前因变量和结果变量方面均有待深入探讨。体现在以下四个方面:

第一,概念界定。

强制性组织公民行为的概念是在组织公民行为的基础上发展起来

的,这一新概念不易清晰界定,也较难完全涵盖组织公民行为负面效应的方方面面。Vigoda-Gadot(2006)[10]尝试性地对强制性组织公民行为进行了定义,并阐述了它与组织公民行为之间的区别,然而他的定义比较简单,因此需要有更多的研究对强制性组织公民行为的概念及其与组织公民行为之间的联系与区别进行理论阐释。强制性组织公民行为的概念在具体内容上还有待进一步细化,如强制性组织公民行为是仅包含行为方面的强制反应还是也包括未实施的强制感受呢?强制性组织公民行为是仅涉及公民行为负面效应的一个方面还是包含所有的负面?目前尚无能对强制性组织公民行为进行系统全面的界定并为大家所接受的定义,未来的研究可以在此方面进行探讨分析。

第二,结构及测量。

由于尚未形成统一的定义,以及鲜有对强制性组织公民行为结构维度的研究,因此也缺少相应的测量工具。虽然 Vigoda-Gadot(2006,2007)[9-10]界定了强制性组织公民行为的概念,并且开发了相应的测量工具。但是在西方文化背景下的强制性组织公民行为量表并非同样适用于中国组织。而且更为重要的是,他所开发的单维测量工具并不一定能揭示强制性组织公民行为的内涵,也难以完全涵盖强制性组织公民行为的来源和内容。例如,已有研究认为,导致强制性组织公民行为的管理压力可能源于上司、同事和组织,而且可能在指向组织和指向人际等方面表现出不同的内容(Vigoda-Gadot,2006[10];彭正龙、赵红丹,2010[53])。因此,强制性组织公民行为应该是一个多维的结构。未来的研究需要结合文化和组织情境开发出多维度的强制性组织公民行为量表,以期全面地描述该概念的结构与内涵。

第三,前因变量及其作用机制。

目前有关强制性组织公民行为影响因素的研究并不多见,大多借鉴了组织公民行为的研究,把组织公民行为的影响因素转换为强制性组织公民行为的前因变量,继而探讨这些变量与强制性组织公民行为是否相关。相关研究多是集中在理论推演层面,相关结论虽然能够讲得通,但是缺少实证研究的检验。未来的研究要从实证的角度检验这些变量对强制性组织公民行为的影响。另外,从系统论的角度出发,强制性组织公民行为研究不应该只局限于某个因素,而应该将个体因素、客体因素和环境因素三者结合起来,对它们之间复杂的作用机制予以探讨。如果能充分了解强制性组织公民行为的前因变量及其作用机制,那么控制和减少强制性组织公民行为将成为可能。

第四,结果变量及其作用机制。

可以预期,强制性组织公民行为会造成许多不良后果,相对于积极行为,消极行为对人们的影响更大,所以对强制性组织公民行为所导致的后果进行研究具有重要意义。虽然,学者们已经对强制性组织公民行为的影响效果进行了大量研究,并得出了比较一致的结论。然而,关于强制性组织公民行为如何对个体表现和组织效能产生影响,以及哪些变量起中介作用或调节作用等问题,我们还知之甚少,未来还需要进行更深入的研究。

2.5.3 拟解决的问题

本研究拟就下列问题进行重点研究,以求有所突破。

第一,探讨中国背景下强制性组织公民行为的内涵、结构和测量。首先,本研究将从行为主体、行为客体、行为性质和行为结果四个方面对强制性组织公民行为的内涵进行界定;然后基于访谈和文献分析,对表达员工强制性组织公民行为内涵的条目进行归纳,旨在确立中国背景下强制性组织公民行为的结构维度;最后,结合相关理论,并经过预试和正式问卷调查,利用探索性因素分析、验证性因素分析以及信度分析,开发中国背景下强制性组织公民行为的测量工具。

第二，探讨中国背景下强制性组织公民行为的动因。目前有关强制性组织公民行为动因的研究刚刚起步，而且大多研究还停留在影响因素与强制性组织公民行为相关关系的检验层面。基于此，本研究通过两项子研究来剖析中国背景下强制性组织公民行为的动因，即中国背景下强制性组织公民行为的影响因素研究（子研究一）和中国背景下强制性组织公民行为的形成路径研究（子研究二）。

在子研究一中，首先，本研究按照扎根理论的思路采用开放式编码、主轴编码以及选择式编码等方法，对研究资料进行细致的分析；其次，基于文献分析和扎根理论研究结果，提炼强制性组织公民行为的影响因素体系；最后，在该影响因素体系的基础上，对研究资料进行进一步的分析，探讨强制性组织公民行为的形成过程，构建强制性组织公民行为形成路径的全模型。

在子研究二中，首先，本研究在强制性组织公民行为影响因素体系的基础上，结合强制性组织公民行为形成路径的全模型和文献分析，从个体心理安全认知的视角，构建上司辱虐管理对员工强制性组织公民行为影响的理论模型，并考虑中国人传统性在其中的调节作用，形成本研究的"被调节的中介效应模型"；其次，基于理论模型分析提出研究假设，形成研究的假设树；最后，结合实际调研结果进行验证和讨论。

第三，探讨中国背景下强制性组织公民行为的结果。目前关于强制性组织公民行为如何对个体表现、团队产出和组织效能产生影响，以及哪些变量起中介或调节作用等问题，我们还知之甚少。基于此，本研究分别从个体和团队两个层面研究强制性组织公民行为的影响机制。具体地，在个体层次，基于社会认同理论和公正启动理论，构建强制性组织公民行为对员工工作行为、工作态度和工作绩效影响的理论模型，同时考虑组织认同的中介作用以及互动公平的调节作用，并结合实际调研结果进行验证（子研究一）。在团队层次，基于经典的IPO团队研究模型，将团队层次的强制性组织公民行为看作团队"投入",团队心理安全看作团队"过程",团队绩效看作团队"输出",构建强制性组织公民行为通过团队心理安全的中介作用影响团队绩效的理论模型,并结合实际调研结果进行验证(子研究二)。

2.6 本章小结

本章首先对组织公民行为、强制性组织公民行为、社会交换理论和社会认同理论等相关研究进行了论述;其次,对既有文献研究取得的进展、存在的不足进行了归纳总结;最后,在上述工作的基础上提出了本研究拟解决的三个关键问题,以求对已有研究中比较薄弱的环节有所突破。

第3章

中国背景下强制性组织公民行为的概念结构研究

3.1 强制性组织公民行为的概念界定

对强制性组织公民行为的整个研究领域来讲,一个基本前提是:建立其操作定义、界定概念的具体内涵、明确其外延。因此,从更普遍、更概括的层面对强制性组织公民行为的概念进行界定,对强制性组织公民行为的相关研究而言已势在必行。本研究拟从行为主体、行为客体、行为性质和行为结果四个方面对强制性组织公民行为的概念进行界定。

(1) 行为主体

行为主体是界定强制性组织公民行为的基本要素。本研究将强制性组织公民行为的行为主体确定为遭受公民行为压力(Citizenship Pressure)的组织成员,因为它是组织内的社会或管理压力(例如,上司的辱虐管理、同事的屈服表现以及组织氛围等)最有可能影响和控制的要素(Vigoda-Gadot,2006)[10]。

(2) 行为客体

行为客体也是界定强制性组织公民行为的基本要素。行为客体是指强制性组织公民行为的作用对象,不仅包括组织本身,也包括组织成员;不仅可以是有形财产,还可以是成员名誉、组织品牌和企业公众形象等无形资产(张建卫、刘玉新,2009)[111]。

(3) 行为性质

强制性组织公民行为与组织公民行为有着紧密的联系。简单而言,组织公民行为强调自发性,而强制性组织公民行为强调强迫性,但是两者所指的公民行为都是超越了员工的工作职责范围(彭正龙、赵红丹,2010)[53]。具体而言,强制性组织公民行为的性质主要体现在以下方面:

第一,主观性。强制性组织公民行为是基于员工感知的组织内的言语或非言语的强制行为,强调员工的行为感知(Vigoda-Gadot,2006)[10]。"主观性"紧扣强制性组织公民行为的内涵,意即组织内是否具有强制性组织公民行为完全取决于员工的主观评价。反映了员工对组织内强制性组织公民行为的感知由个人认知结构、知识经验、个性特征、心理能力等因素决定,员工认知结构、知识经验等存在差异才出现了组织成员的强制性组织公民行为感知水平的高低有别,进而对其行为、态度与绩效等产生不同的影响。

第二,被迫性。强制性组织公民行为认为组织成员除了致力于实践组织的规定事项外,还会经常被迫付出额外心力,去无偿从事一些直接、间接有利于组织的事情。"被迫性"紧扣强制性组织公民行为的行为特性,强调组织成员受到外部压力被迫表现出来的公民行为具有很大的变异性,倾向于认为员工是"好演员"(Vigoda-Gadot,2007)[9]。

第三,持续性。强制性组织公民行为认为员工的强制性感受是经常感知到的(家常便饭),而非偶然。只要继续呆在组织或团队内,这种感受就会持续下去。"持续性"紧扣强制性组织公民行为的形成过程,它一方面反映了受到强制对待的员工无力去纠正这种强制行为,另一方面也反映了组织或其代理人可能并未意识到自己行为的不当性,或者意识到也很少进行调整。

第四,动机性。强制性组织公民行为认为员工的公民行为并非因员工具有良好的人格品质而自然展现,而是带有明显的动机性(Rioux 和 Penner,2001)[56]。"动机性"紧扣强制性组织公民行为的目的,强调员工呈现出强制性组织公民行为,除了倾向于做一个"好演员"之外,还希望达成某种目的(例如,释放压力、寻求与组织之间的平衡互惠、给领导留下好印象等)。

(4) 行为结果

行为结果是强制性组织公民行为判断的重要依据之一。强制性组织公民行为必须在主观上给行为主体带来了消极影响(例如,增加心理压力、降低工作满意度和工作绩效等),同时在客观上给其他组织成员、组织的有形资产或无形资产带来了消极影响(例如,增加同事心理压力、损害组织品牌、形象和绩效等)。即使这种影响可能并不严重,即使行为主体并未由此受到有形处罚,也没有受到舆论或良心的无形谴责,只要这种消极影响客观存在,该行为就是强制性组织公民行为。

基于上述论述,本研究认为可以将强制性组织公民行为定义为:

行为主体因为不得不表现出领导或组织所期望的职外行为而形成的一种带有强制性感受的组织公民行为。根据这一定义,由于组织内存在各种追求组织公民行为的管理压力,行为主体的利他、尽职、运动员精神、谦恭和公民美德等公民行为可能在短期和显性层面得到完全展现,但是组织公民行为暗含的无私、利他、有效等假设在隐性层面会发生极大的变异,形成强制性组织公民行为。

3.2 强制性组织公民行为的结构及测量

在强制性组织公民行为的研究中,结构和测量是两大最为基本的问题,目前围绕这两个主题已有一些相关研究出现(Vigoda-Gadot,2006[10],2007[9];Bolino 等,2009[112];Peng 和 Zhao,2012[110])。但是从具体的测量项目看,不同来源的公民压力和不同的文化情境在强制性组织公民行为的结构和内容上具有不同的表现。因此,强制性组织公民行为应该是一个多维的结构,本研究基于中国文化背景,采取相关数据,探索员工强制性组织公民行为的结构,建构一个具有良好信度和效度的中国背景下强制性组织公民行为测量量表。具体而言,子研究一运用归纳法将中国背景下强制性组织公民行为进行汇总、归纳和讨论;子研究二编制中国背景下强制性组织公民行为问卷,并对采集的数据进行探索性因素分析;子研究三运用验证性因素分析方法对数据进行分析,力图建构一个具有良好信度和效度的强制性组织公民行为问卷。

3.2.1 子研究一:中国背景下强制性组织公民行为的归纳分析

(1) 项目收集

在国外关于强制性组织公民行为和公民压力的文献基础上,对中国组织情境下的部分企业管理人员及普通员工进行开放式问卷调研和深度访谈,以期从理论和实践上深入了解中国背景下强制性组织公民行为的概念和动因。

首先,对 IBM 上海分公司、上海旭富实业、上海巴士汽车租赁服务有限公司、郑州康桥房地产开发有限公司和大豫网等 10 家企业的员工进行开放式的问卷调查,用以搜集我国员工关于强制性组织公民行为的条目,编制初始问卷。共发放问卷 113 份,回收有效问卷 84 份,其中男性 53 名,女性 31 名。本研究在开放式问卷中首先对强制性组织公民行为进行界定,所谓强制性组织公民行为是员工因为不得不表现出领导或组织所期望的职外行为而形成的一种带有强制性感受的组织公民行为。然后要求每位被试提供至少 5 种员工在企业中会表现出的强制性组织

公民行为,并回答"您认为是什么原因会让您或您的同事表现出强制性组织公民行为?"(具体问卷详见附录A)

同时,研究者对上述企业中的6名经理人员和13名普通员工(其中,男性11人,女性8人)进行深度访谈,要求其描述强制性组织公民行为的表现和动因。综合上述两种途径得到的结果,共获得239个项目。

(2) 项目删减

研究者与两名人力资源管理专业博士研究生和一名企业人力资源专家进一步将这些行为按照三个标准对239个项目进行削减和合并,即:是否符合强制性组织公民行为定义,是否意义表达清晰和是否与其他项目重叠。所有削减和合并必须3人均同意,最终得到20个项目。

具体而言,① 删去不符合强制性组织公民行为定义的68个项目(例如,许多员工将敬业度、责任心等作为强制性组织公民行为的一个动因,与本研究对强制性组织公民行为的定义不符);② 删除意义表达模糊和被提及频次比较低的53个项目(例如,许多项目未能清晰表达强制性组织公民行为的内涵或动因);③ 根据"该项目是否是一种态度的反应方式"的标准,删去51个项目;④ 再次考察每个维度包含的具体项目,对意义相近的项目进行汇总整合,删除47个项目。

(3) 项目分类

本研究对最终得到的20个项目进行讨论和分类,提炼出两大类强制性组织公民行为,归纳程序如下。首先,根据现有的文献,结合强制性组织公民行为的内涵,归纳出2类强制性组织公民行为,即指向个体的强制性组织公民行为和指向组织的强制性组织公民行为。其中,指向个体的强制性组织公民行为指那些与人际互动、帮助同事及协助上司等有关的强制性组织公民行为;指向组织的强制性组织公民行为指那些与工作绩效、自我学习及组织发展等有关的强制性组织公民行为。

然后,笔者和两名人力资源管理专业博士研究生分别将20个项目归类到两个维度中,结果发现 82.1%的项目 3 人均划分一致;最后,对 3 人产生不一致的项目进行讨论,最终达成一致意见,两类行为的名称和典型描述见表 3-1。

表 3-1 强制性组织公民行为的二维分类及其项目描述

维度	项目	项目描述
指向个体的强制性组织公民行为	CCB1	即使不情愿,我也不得不花费时间去帮助那些在工作中遇到困难的同事
	CCB2	即使不情愿,我也不得不调整自己的工作安排去接手那些请假的同事的工作
	CCB3	即使不情愿,我也不得不花费时间去积极配合同事并与之交流沟通
	CCB4	即使不情愿,我也不得不与同事分享知识、经验或资源
	CCB5	即使在工作疲乏或情绪低落的情况下,我也不得不以良好的态度对待和关心同事
	CCB6	即使不情愿,我也不得不花费时间去帮助新同事以适应工作环境
	CCB7	即使不情愿,我也不得不花费时间去给予新同事更多的关心
	CCB8	即使不情愿,我也不得不给予新同事更多的宽容
	CCB9	即使不情愿,我也不得不义务协助上司的工作
	CCB10	即使不情愿,我也不得不服从上司的安排
指向组织的强制性组织公民行为	CCB11	即使不情愿,我也不得不努力进行自我学习以提高工作成效
	CCB12	即使不情愿,我也不得不乐于接受新的工作或挑战
	CCB13	即使不情愿,我也不得不在工作上付出更多的努力
	CCB14	即使不情愿,我也不得不义务加班
	CCB15	即使不情愿,我也不得不主动寻找组织中可能存在的问题
	CCB16	即使不情愿,我也不得不主动提出对企业发展有利的建议
	CCB17	即使不情愿,我也不得不努力进行自我提高以跟上组织发展的步伐
	CCB18	即使不情愿,我也不得不严格控制错误并且认真对待工作
	CCB19	即使不情愿,我也不得不很早到达公司并马上开始工作
	CCB20	即使不情愿,我也不得不承担工作以外的额外任务和责任

3.2.2　子研究二：中国背景下强制性组织公民行为的问卷编制

（1）预试项目

以子研究一汇总的 20 个项目为基础，将其随机排列，构成初始的员工强制性组织公民行为调查问卷。初始问卷的题目为："领导或组织常常期望员工愿意承担额外的工作职责或职务外行为，员工有时会屈服于这种公民压力而形成一种带有强制性感受的组织公民行为。请您根据最近一年的经历，对以下陈述语句表示看法，只需在问题的'□'内做出标注即可。"问卷采用里克特量表（即完全不符合、不太符合、一般符合、比较符合和完全符合），主要询问被试在目前的工作中表现出各项行为的频次情况。分数越高说明该员工在组织内表现出强制性组织公民行为越多。（具体问卷详见附录 B）

（2）预试样本

本研究采取纸质问卷和网络问卷相结合的调研方式，问卷采用匿名形式，告知被试调查结果只进行加总，不进行个别处理。被试群体来自上海传慎通用设备、德邦物流和友邻租车等 7 家企业，作者共发放问卷 255 份，回收有效问卷 171 份，其中男性 102 名，女性 69 名。

（3）项目分析

所谓项目分析就是根据试测结果对组成测验的各个项目进行分析，从而评价项目好坏、对项目进行筛选。本研究主要依据相关检验工具对题项的通俗性（Popularity Level）、区分度（Discrimination）等进行数据统计分析。具体地，通俗性分析用于评估项目的地板和天花板效应（Floor and Ceiling Effects），属于难度分析在非二分法计分的延伸；区分度分析用于检验项目在不同被试水平下的鉴别能力，采用临界比率法（Critical Ratio，CR）和相关分析法（Correlation Analysis）。

① 通俗性分析。通俗性或者流行性是对项目的难度在非能力测验

第3章 中国背景下强制性组织公民行为的概念结构研究

中的别称,用以估计项目难度以确定测验项目的难易程度。在本研究中,通俗性的计算方法如公式(3-1)所示:

$$P = \frac{\overline{X}}{W} \qquad (3-1)$$

式中,$\overline{X}$ 为全体被试在该项目的平均得分,W 为该项目的最高可能得分。一般来说,项目通俗性 P 应在 0.30~0.80 之间。预试问卷的项目通俗性分析结果表明,项目的难度均在此范围内(表3-2)。

表3-2 强制性组织公民行为的通俗性分析结果($N = 171$)

CCB1	CCB2	CCB3	CCB4	CCB5	CCB6	CCB7	CCB8	CCB9	CCB10
0.78	0.79	0.79	0.80	0.76	0.80	0.71	0.76	0.80	0.78
CCB11	CCB12	CCB13	CCB14	CCB15	CCB16	CCB17	CCB18	CCB19	CCB20
0.72	0.73	0.72	0.73	0.76	0.73	0.77	0.75	0.71	0.73

② 临界比率法。临界比率法是将所有被调查者的问卷得分总和按高低顺序排列,得分排前 27% 者为高分组,得分排后 27% 者为低分组,算出高低两组被调查者每个项目得分的平均值,计算两者差异的显著性水平,即可得到该题项的 CR 值。0.05(双侧)的显著水平作为保留项目的临界条件。如果 CR 值达到了显著水平,就表示该项目能够鉴别不同被调查者的反应程度,在调查中有意义。结果表明所有项目均符合要求,即项目具有很好的鉴别能力,因此暂时保留所有项目(具体检验结果详见附录C)。

③ 相关分析法。相关法是求项目与测验总分的相关度,本研究采用项目—总分相关(CITC)与删除该项目后的 α 值两种相关分析法。具体的检验标准是:各项目与总分的相关系数应大于 0.35;测量同个变量的项目的 Cronbach's alpha 系数应该大于 0.70,则表明问卷在本次调查

中具有较好的信度和效度（Nunnally & Bernstein，1994[113]；金瑜，2001[114]）。研究结果表明问卷的 CITC 值和 α 值均满足该区间的要求（具体检验结果详见附录 D）。

（4）探索性因子分析

探索性因子分析（Exploratory Factor Analysis，EFA）是一项用来找出多元观测变量的本质结构、并进行处理降维的技术（马庆国，2002）[115]。因而，EFA 能够将具有错综复杂关系的变量综合为少数几个核心因子。具体地，首先，本研究通过量表的 KMO 值（取样适当性）和 Bartlett（巴特莱特）球形检验，判断是否适合进行因子分析。一般来说，KMO 值在 0.6 以上，Bartlett 球形检验值的显著概率小于等于显著性水平时，表示适宜做因子分析；其次，使用主成分分析法进行因子提取，并用 varimax 法（方差最大化正交旋转）完成因子的旋转，以特征根和碎石图（图形出现急剧变化）来确定因子个数而非预先设定因子个数。对该量表 20 个项目的相关系数矩阵的初步分析显示，KMO 值为 0.92，Bartlett 球形检验 χ^2 值为 $3\,048.48(df = 190, p < 0.01)$，并且 20 个条目间均在 0.01（双侧）的显著水平上显著相关，因此满足因子分析的条件。根据因子特征根值和碎石图，所有 20 个项目自然汇聚成 2 个有效因子（累计解释方差量为 66.20%），同时删除载荷过低或交叉载荷超过 0.35 的项目，每删除一个项目都重新进行因子分析。经过多次探索性因子分析，最终得到一个包含 12 个项目的二个因素结构。这两个因素的累计方差解释率达 74.07%，各个项目的因素载荷在 0.74～0.91 之间，KMO 值为 0.90，表明数据适合进行探索性因子分析，表 3-3 为最终的探索性因子分析结果。

综上所述，中国背景下强制性组织公民行为包括指向组织的强制性组织公民行为和指向个体的强制性组织公民行为 2 个维度，探索性因子分析的结果表明，这个结构模型是可接受的。从信度系数看，两个维度

表 3-3 预试的强制性组织公民行为的探索性因子分析最后结果($N = 171$)

项　　目	因子 1	因子 2	共同度
CCB1	**0.81**	0.31	0.76
CCB2	**0.84**	0.29	0.78
CCB3	**0.74**	0.33	0.66
CCB4	**0.79**	0.11	0.63
CCB6	**0.87**	0.15	0.79
CCB9	**0.81**	0.22	0.70
CCB11	0.24	**0.79**	0.69
CCB12	0.30	**0.79**	0.72
CCB13	0.25	**0.87**	0.81
CCB14	0.19	**0.83**	0.72
CCB19	0.22	**0.85**	0.78
CCB20	0.18	**0.91**	0.86
特征根	2.16	6.73	
信度系数(Cronbach's α)	0.92	0.94	
方差解释量	35.60%	38.47%	
累计方差解释量:74.07%			

的信度系数分别为 0.92 和 0.94,说明本量表具有较好的信度。此外,通过对探索性因子分析法得到的类别与归纳法得到的类别进行对照,发现通过探索性因子分析法得到的类别基本上反映了归纳法得到的类别,概念结构没有出现新的变化。因此,通过上述研究,初步得到包括 12 个项目 2 个维度,具有良好信度的中国背景下强制性组织公民行为测量量表,详见附录 E。

3.2.3　子研究三:中国背景下强制性组织公民行为量表的验证

在子研究三中,本研究将搜集数据并通过信度分析、效度分析和验证性因子分析等方法,对子研究二开发的强制性组织公民行为量表进行验证。首先,本研究考察强制性组织公民行为问卷的信度、项目与总分的相关系数等量表属性。其次,采用验证性因子分析检验强制性组织公民行为二因素结构的拟合程度。第三,确认强制性组织公民行为量表的效度,主要以工作满意度、离职倾向和组织公民行为作为测量效标(具体问卷详见附录E)。

(1) 数据收集

本次调研采用中间人辅助调查的形式,所有中间人都是来自与笔者关系亲近的同学和已经参加工作的朋友,请他们帮忙找各自的同事或朋友填写。考虑到测量题目涉及比较敏感的内容,匿名能让被试填写更真实的情况,本研究主要采用网络问卷的形式(www.sojump.com)。中间人向他们的同事或朋友发出参与调研问卷的邀请,在征得同意后向其提供网络问卷的链接,并告诉他们调研目的和问卷数据保密。本次调研共发出457份邀请,回收有效填答问卷318份,样本有效回收率为69.58%。其中,男性占63.5%,年龄以26~35岁居多(占45.6%),58.8%的被试都具有大学本科及以上学历,被试在目前公司工作的平均时间为3.34年(标准差为2.42年)。工作地点分布在上海、北京、深圳、杭州、郑州和汕头。

(2) 变量测量

对员工强制性组织公民行为的测量采用子研究二获得的强制性组织公民行为量表,使用里克特量表(完全不符合、不太符合、一般符合、比较符合和完全符合)。对工作满意度的测量采用Camman等(1983)[116]人的3题项量表,对离职倾向的测量采用Farrh等(1989)[117]人的4题项量表,对组织公民行为的测量采用Farh等(2004)[34]人的9题项3维度(利他行为、建言和责任心)量表,三个量表均使用里克特量表(非常不同意、不太同意、不确定、比较同意和非常同意)。本研究中,工作满意度、离职倾向、利他行为、建言和责任心的信度系数 α 值分别为：0.92，0.86，0.88，0.87 和 0.96。

（3）信度分析和项目分析

首先，通过相关分析法求得强制性组织公民行为各项目与测验总分的相关度，结果发现各项目与总分的相关系数都介于 0.57～0.78 之间，说明具有较强的相关性。其次，通过内部一致性系数来进行信度分析，结果表明指向组织的强制性组织公民行为、指向个体的强制性组织公民行为和总体量表的信度系数 α 值分别为 0.94、0.89 和 0.91，达到较高的信度水平。

（4）验证性因子分析

本研究采用 AMOS 18.0 进行验证性因子分析，并选择 χ^2/df 检验、RMSEA（近似误差均方根）、NFI（标准拟合指数）、TLI（非范拟合指数）和 CFI（比较拟合指数）等指标进行数据拟合的验证（Vandenberg 和 Lance,2000)[118]。一般来说，χ^2/df 最好小于 5,RMSEA 应小于 0.10，NFI、TLI 和 CFI 应大于 0.90（侯杰泰等,2005[119]；温忠麟等,2005[120]）。首先，通过模型验证来检验强制性组织公民行为的二因素模型能否得到数据的支持；其次，通过模型比较来判断二因素模型是否最优，具体地，本研究进行了一因素模型（所有 12 个项目汇聚为一个因子）和二因素模型的比较，结果见表 3-4。从表 3-4 可知，二因素模型的 χ^2/df 小于 5,RMSEA 等于 0.09,NFI、TLI 和 CFI 均大于 0.9,表明验证性因子分析结果良好。同时，二因素模型明显优于一因素模型（$\Delta\chi^2(\Delta df) = 785.89(1), p < 0.01$），可以验证强制性组织公民行为的二因素结构。另外，从图 3-1 可知，每个项目在潜变量上的载荷水平介于 0.58～0.89 之间，说明每个项目对潜变量都具有较强的解释力。综上所述，强制性组织公民行为的二因素模型得到数据支持。

表3-4 员工强制性组织公民行为结构维度的验证结果($N = 318$)

模型	χ^2	df	χ^2/df	$\Delta\chi^2(\Delta df)$	RMSEA	CFI	TLI	NFI
二因素模型	200.03	53	3.77	—	0.09	0.95	0.94	0.93
一因素模型	985.92	54	18.26	785.89(1)**	0.23	0.67	0.59	0.66

注：一因素模型的 $\Delta\chi^2(\Delta df)$ 值为二因素模型与一因素模型之间的卡方和自由度变化比值。** 代表 $p < 0.01$，* 代表 $p < 0.05$。

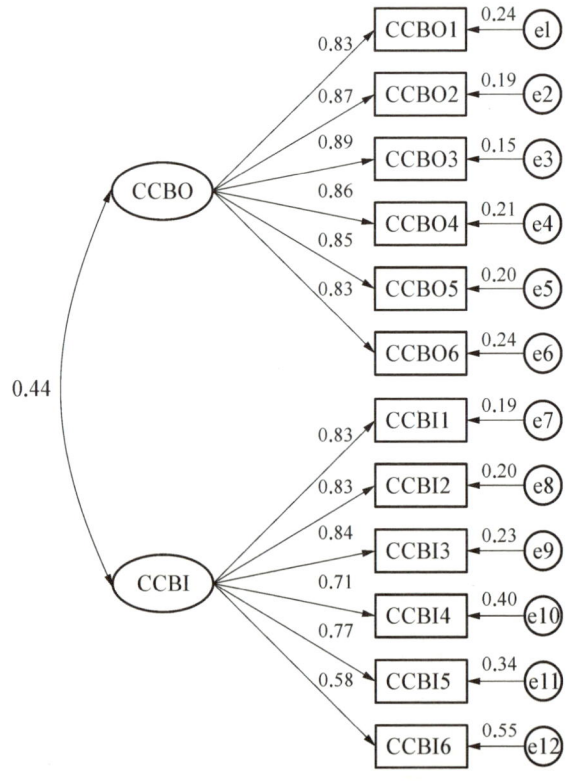

图3-1 二维度强制性组织公民行为的数据拟合图

（5）效度分析

首先，经过量表开发阶段的多次专家讨论，内容效度已经得到保证。其次，通过对强制性组织公民行为的内部一致性（信度系数 α 值）的考查，指向组织的强制性组织公民行为、指向个体的强制性组织公民行为和总

第3章 中国背景下强制性组织公民行为的概念结构研究

体量表的信度系数 α 值分别为 0.94、0.89 和 0.91，图 3-1 也表明强制性组织公民行为问卷结构清晰且可解释性较强，可以认为问卷的结构效度较好。第三，在预测效度方面，由于已有研究已经发现，强制性组织公民行为与工作满意度(Job Satisfaction)和组织公民行为显著负相关，并显著提高员工的离职意向(Intention to Leave)，本研究通过验证强制性组织公民行为与三者的关系来确定强制性组织公民行为量表的预测效度。

表 3-5 给出了强制性组织公民行为与各效标变量之间的相关分析结果，从表 3-5 数据可知，强制性组织公民行为总分及其指向组织的强制性组织公民行为和指向个体的强制性组织公民行为 2 个维度均与工作满意度、利他行为、建言行为及责任心显著负相关（$r = -0.17 \sim -0.35, p < 0.01$），均与离职倾向显著正相关（$r = 0.32, 0.26, 0.34, p < 0.01$）。这一结果表明强制性组织公民行为问卷具有较强预测效度。

表 3-5 员工强制性组织公民行为与效标变量以及类似构念之间的相关分析结果（$N = 318$）

	CCB 总分	CCBO	CCBI	工作满意度	离职倾向	利他	建言	责任心
CCB 总分	(0.91)							
CCBO	0.86**	(0.94)						
CCBI	0.82**	0.42**	(0.89)					
工作满意度	−0.25**	−0.20**	−0.22**	(0.92)				
离职倾向	0.34**	0.32**	0.26**	−0.14*	(0.86)			
利他	−0.28**	−0.20**	−0.28**	0.14*	−0.08	(0.88)		
建言	−0.23**	−0.17**	−0.22**	0.12*	−0.11*	0.28**	(0.87)	
责任心	−0.33**	−0.21**	−0.35**	0.03	−0.11*	0.55**	0.19**	(0.96)

注：Spearman's Correlation Significant。
** 代表 $p < 0.01$，* 代表 $p < 0.05$。
对角线上括号内的数字为各量表的内部一致性系数。

3.3 本章小结

本研究在对强制性组织公民行为的内涵进行界定的基础上,通过中国背景下强制性组织公民行为的归纳分析、中国背景下强制性组织公民行为的问卷编制和中国背景下强制性组织公民行为量表的验证等三个子研究,员工强制性组织公民行为二维度结构的可行性和有效性基本得到验证和确认。

第一,本研究从行为主体、行为客体、行为性质和行为结果四个方面对强制性组织公民行为的内涵进行了界定。

第二,通过半结构化问卷、深度访谈以及借鉴国外相关研究成果,编制了中国背景下的员工强制性组织公民行为问卷。研究结果表明,问卷的信度和效度达到测量学的要求,探索性和验证性因素表明员工强制性组织公民行为具有两个维度,即指向组织的强制性组织公民行为和指向个体的强制性组织公民行为。

第4章 中国背景下强制性组织公民行为的影响因素研究*

4.1 研究思路

本章的主要研究思路是：基于前述研究结论，并结合国内外已有研究成果和相关理论，通过深度访谈来了解中国背景下强制性组织公民行为的动因；运用扎根理论的方法分析调研资料，描述和提炼强制性组织公民行为的影响因素，基于此构建中国背景下强制性组织公民行为形成路径的全模型，旨在为后续篇章的研究提供理论支撑。

4.2 研究方法

本章采用扎根理论方法来进行员工强制性组织公民行为的影响

---

* 本部分成果已发表在以下论文中：
赵红丹,彭正龙.基于扎根理论的强制性公民行为影响因素研究[J].管理评论,2012,24(3):132-139.

因素体系的构建。作为质性研究中较科学的一种方法(Hammersley,1989)[121],扎根理论是一种运用系统化的程序,针对某一现象来发展并归纳式地引导出扎根理论的定性研究方法(Glaser 和 Strauss,1967)[122]。扎根理论方法最早被用于解决社会学研究中的相关问题,现在已经被广泛应用在心理学、组织行为学和经济学等相关领域。

基于Pandit(1996)[123]对于扎根理论研究程序的建议,本研究主要从以下7个步骤进行理论构建:

第一,通过文献分析界定研究问题和形成初步研究构想,并将一些无关的变化因素排除,以提高研究的外在效度。

第二,通过深度访谈,进行员工强制性组织公民行为动因的资料收集。

第三,通过开放式编码→主轴编码→选择式编码的三级编码过程对研究资料进行逐级编码,从资料中产生概念。

第四,通过Kappa系数来检验编码者在范畴归类时对强制性组织公民行为动因归类的一致性,以保证本研究的信度(Sim 和 Wright,2005)[124]。Kappa系数在(0<—>1)之间,0~0.20表示极低的一致(slight)、0.21~0.40表示一般的一致(fair)、0.41~0.60表示中等的一致(moderate)、0.61~0.80表示高度的一致(substantial)、0.81~1表示几乎完全一致(almost perfect)。

第五,通过理论抽样的方法,不断地进行数据之间、概念之间以及数据与概念之间的比较。

第六,形成理论性概念,建立概念之间的联系,并且通过补充新的样本资料来达到理论饱和。

第七,构建员工强制性组织公民行为的影响因素体系并通过文献比较进行修正与改进,以提高理论模型的内在效度。

第4章 中国背景下强制性组织公民行为的影响因素研究

其中,对资料进行逐级编码是扎根理论最重要的环节。开放式编码(一级编码)是将原始材料打乱,赋予概念,并用新的方式重新组合起来发现范畴的操作过程(Glaser 和 Strauss,1967)[122];主轴编码(二级编码)是将开放式编码中得到的各项范畴按照前因条件(Causal Conditions)①→理论现象(Phenomenon)②→脉络背景(Context)③→中介条件(Intervening Conditions)④→行动/互动策略(Action-interaction)⑤→结果(Consequence)⑥这一规则联结在一起,发现并建立范畴间的相互关系(Strauss 和 Corbin,1990)[125],详见图4-1;选择式编码(三级编码)是通过不断地比较和理论抽样,逐步提高概念抽象的层次,发展出系统地包容其他范畴的核心范畴,从而将各种相关联的变量纳入一个既简单又紧凑的理论框架中去(Pandit,1996)[123]。

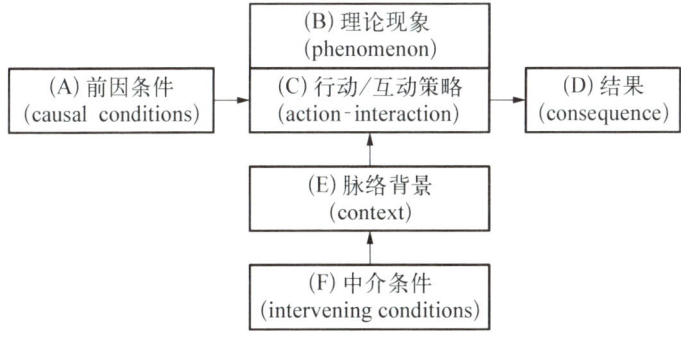

图4-1 主轴编码的分析典范

---

① 前因条件是指那些会对理论现象产生影响的事件。
② 理论现象是指在特定的背景或条件下,事物表现出来的、能被人感觉到的情况。
③ 脉络背景是指那些特定的环境氛围或难题,人们通过其行动/互动策略来反映。
④ 中介条件是指那些用来缓和或改变前因条件对理论现象产生影响的条件,它们经常产生于偶发事件,而且必须以行动/互动策略的形式来加以回应。
⑤ 行动/互动策略是指人们为解决那些在某些条件下所发生的事件或难题所采取的行动,而且该行动倾向于策略性(有目的或蓄意的)和例行性(习惯)。
⑥ 结果是指行动/互动策略的产物,亦即回答行动/互动的策略最终导致了什么事。

4.3 研究样本与程序

本研究通过两阶段深度访谈的方式来获取扎根理论研究所需要的数据资料。这主要是因为,与实证研究所采用的大规模随机抽样不同,扎根理论方法较重视样本的代表性和资料来源的丰富性,而不强求样本数量的多寡(Strauss 和 Corbin,1990)[125]。

其一,第一阶段的深度访谈主要对 IBM 上海分公司、上海旭富实业、郑州康桥房地产开发有限公司和大豫网等6家企业的6名经理人员和13名普通员工(其中,男性11人,女性8人)进行深度访谈。每次访谈持续时间均要求在90分钟以上,从而实现对被访者关于强制性组织公民行为动因的看法的深度访谈,并就访谈问卷的内容进行深度讨论。遵循简洁、聚焦、连贯的原则,结合本研究的主题,并倾听相关专家及企业人力资源管理者的建议,修改预访谈的内容并最终确定访谈提纲,该访谈提纲的设计逻辑如表4-1所示。本研究访谈提纲的主要内容包括:受访者工作单位基本情况介绍;受访者对强制性组织公民行为的认识与理解;受访者认为哪些因素会导致员工的强制性组织公民行为表现;受访者认为哪些方面的改善可以降低员工的强制性组织公民行为表现等方面(访谈提纲详见附录F)。

表4-1 深度访谈提纲的设计逻辑

主题	问题举例	目的	阶段
背景介绍	● 请您介绍一下您的基本情况,包括工作部门、职务、工龄和教育背景等。 ● 请谈谈您对您及您同事的组织公民行为的看法?	了解被访者的教育背景、工作经历等基本情况,以及企业内员工组织公民行为表现的看法等	"破冰",营造访谈气氛

第 4 章　中国背景下强制性组织公民行为的影响因素研究

续　表

主　题	问　题　举　例	目　的	阶　段
强制性组织公民行为的动因	● 您或您的同事是否曾经因为某种压力而不得不表现出领导或组织所期望的职外行为的情况？ ● 您认为是什么原因会让您或您的同事表现出强制性组织公民行为？ ● 进一步来说，您对这些感受深有体会么，能否举例说明？	了解被访者对强制性组织公民行为的动因的看法	"展开"，展开对强制性组织公民行为体验的讨论
深层讨论	● 通过前面的介绍，请谈谈您对强制性组织公民行为影响因素的理解，包括它们的特征和结构等。 ● 如果需要降低员工的强制性组织公民行为表现，您认为哪些方面最需要改善？为什么？	具体了解被访者对强制性组织公民行为影响因素的结构和特征等的理解，以及探讨干预员工的强制性组织公民行为表现的策略	"整合"，深入探讨、概括及提炼
开放式问题	● 对于刚才的讨论，您还有要补充的么？	补充、完善被访者对某个问题的看法	"收尾"，补充

其二，本研究同时挑选了与本课题组具有长期合作关系的上海巴士汽车租赁服务有限公司作为调查对象，对公司总部及其子公司的员工进行了第二阶段的深度访谈，用以搜集员工对于强制性组织公民行为本身及其动因的看法，也旨在为进一步促进理论模型的理论饱和提供资料支持。选择该企业作为本研究第二阶段深度访谈的目标企业的主要原因在于：一方面是根据扎根理论注重目标对象的信息丰富度而非样本数量大小的原则，该单位与本课题组具有长期合作关系，可以直接、全面地获取相对丰富、真实的相关资料和数据，有利于结论的正确性；另一方面与上海巴士汽车租赁服务有限公司的实际运营情况有关，该单位有十几家子公司，各子公司日常均是独立运营，在文化、氛围、管理等方面具有很强的差异性。而且本研究在抽样中也充分考虑到了这一点，在公司HR数据库中进行随机抽样的基础上尽量顾及分部门、分特征、分公司、

分类型的原则。所有这些工作虽然仍难消除典型抽样的弊端,但可以在一定程度上降低其对结论的影响。为了提高样本的代表性,本研究一共随机选择了 11 个样本(其中,男性 6 人,女性 5 人),并尽量使样本的部门、职位和年龄等保持多样化。访谈材料由两位编码员分别登录,以控制登录信度,登录结束后并核对结果。对不一致的情况,根据录音材料讨论决定。

在上述两次访谈中,最短的访谈时间为 78 分钟,最长的访谈时间为 116 分钟,平均每个访谈的时间长度约为 93 分钟。为了满足扎根理论研究对于数据分析的要求,本研究将访谈录音与访谈记录对照整理成书面文本,对于被访者的语气变化、动作、表情或特殊事件等以括号的形式加以标注。书面文本以 WORD 文档形式进行数据保存,并结合访谈记录与相关文件资料进行归档、编码和存储。最终,转录为书面文本的文字字数约在 17 万字左右,字数最多的为 1.45 万字,字数最少的为 0.63 万字。

4.4 研究结果

4.4.1 确定编码单元

在进行三级编码之前,本研究首先根据研究问题,将访谈资料中相对独立、信息完整的语句或语段设定为最小的编码单元,初步确定了 192 个与员工强制性组织公民行为的动因密切相关的分析单元。例如下面就是摘选自一份访谈材料中的段落,画线部分为研究者确立的 7 个分析单元。

……(1)我觉得员工之所以会对组织公民行为表现出强制性的感受,很大原因还是和什么样的上司有关。就我的经历来讲,(2)我的女上司属于那种很难伺候的人,对人总是不太友好,尤其是在你违反了她的意愿或任务完成得不好时。(3)我也不太认同她在工作中的态度和风格,主要是因为她经常在你工作的时候给你分配新的任务,(4)即使你表现出不情愿的表情,她也会视而不见。所以,遇到这种情况,你只有硬着头皮接受,哪怕牺牲一些自己的休闲时间。但是,最让人难以忍受的是这些任务你做得好则罢,如若做得不好就会招致她的批评,(5)而且是那种当着其他同事的面就能把你说哭的人,一点也不顾及你的感受。前段时间,我一个同事因为拒绝她布置的那些额外工作和她闹得很不愉快,(6)没过几天就因为一些小事情在例会上吵了起来,可能是那个同事实在受不了了(笑),再后来那个同事不得不辞职走人了。临走那天大家都出去送了,可她[上司]却假装在办公室里忙,连声再见都没有说。(7)大家都挺寒心的,在这种让人时刻感觉不安全的组织氛围下工作,要不是薪水待遇还可以,大家可能早就走人了,不过我知道在这种压力氛围下是不宜常呆的。就她这坏脾气据我所知不少同事都在空闲时候上招聘网站或参加招聘会……

4.4.2 开放式编码(一级编码)

根据扎根理论研究的分析方法,对192个分析单元进行开放式编码。首先为每个分析单元确立一个更加概括的概念,并用"a+序号"的形式进行表示,如表4-2所示。共获得与原始访谈材料中分析单元相对应的192个概念。

由于初始的192个概念中有些是重复或内容接近的,仍需进一步提炼。本研究进而将这192个概念归纳为更抽象的范畴,并对其进行命名、性质和维度的描述。最终,本研究共获得24个范畴,用"aa+序号"的形式进行编号。24个范畴分别是:上司的公民期望、同事公民反应、组织公民氛围、职外任务特性、上下级关系、领导风格、指向组织内生情

表4-2　访谈材料开放式编码的概念表述

样本	概　　念
Case 1	a1：员工组织公民行为的非自愿性和上司有很大关系(领导风格)；a2：有时候他[上司]会通过充满敌意的方式让你接受额外的任务(领导风格)；a3：即使不情愿也要硬着头皮参与一些组织公民活动，因为其他同事都表现得乐于接受上司的这种安排(同事公民反应)；a4：非常不愿意帮助那个不喜欢的同事(指向组织内生情境的公民压力)；a5：上司不顾及别人的感受，有时语言犀利(领导风格)；a6：上司会与下属吵架、冷嘲热讽(领导风格)；a7：在这里工作让人感觉心理不安全(心理安全)
Case 2	a8：我们这个行业竞争很激烈(竞争环境)；a9：来自替代产品或服务体系的威胁很大(市场环境)；a10：由于产品更新换代很快，我们必须及时了解客户的需求(市场压力)；a11：行业的进入壁垒较低(竞争环境)；a12：公司必须明白企业的竞争对象是谁(竞争压力)；a13：为了适应这种环境，公司面临着如何最大发挥企业和员工潜力的巨大压力(指向组织外生情境的公民压力)；a14：公司需要提高团队和个体的创造力(组织的公民期望)；a15：公司需要更多的分享与合作(组织的公民期望)；a16：公司的组织结构逐渐转向企业团队(指向公民行为的管理实践)；a17：公司转变了管理思想(指向公民行为的管理实践)；a18：公司使员工有了更大的个人空间(指向公民行为的管理实践)
Case 3	a19：现实的竞争者和潜在的竞争者很多(竞争环境)；a20：买家的议价实力很强(市场环境)；a21：卖家的议价实力很强(市场环境)；a22：我们的市场占有率不稳定(竞争环境)；a23：要努力将自己的市场份额保持住(市场压力)；a24：更加要注意防御挑战者的进攻(市场压力)；a25：这种环境下的企业不得不努力激发员工的负责心和奉献精神(指向组织外生情境的公民压力)；a26：公司对原有组织结构进行了重新评价(指向公民行为的管理实践)；a27：公司对原有组织结构进行了重新设计(指向公民行为的管理实践)；a28：更加注重员工的自由度和授权(指向公民行为的管理实践)
Case 4	a29：作为行业领先者，我们需要保持市场地位(竞争环境)；a30：产品需求的增长较为迟缓(市场环境)；a31：对手的竞争实力还是不可小觑的(竞争压力)；a32：在当今的市场环境下，如何使员工乐于做一些职责之外的事是企业管理者考虑的一大问题(指向组织外生情境的公民压力)；a33：公司强调员工在职外活动上的主动性和自发性(组织的公民期望)；a34：公司期望员工为企业奉献更多(组织的公民期望)；a35：公司对组织结构进行了局部的调整和完善(指向公民行为的管理实践)；a36：给予员工更多的支持和帮助(指向公民行为的管理实践)

第 4 章 中国背景下强制性组织公民行为的影响因素研究

续 表

样本	概　　念
Case 5	a37：当今企业所处的环境是竞争激烈和快速变化的(竞争压力)；a38：这一外部环境也是企业更加重视员工职外活动的重要原因(指向组织外生情境的公民压力)；a39：处在强手如林的环境里(市场环境)；a40：积极有效地提高企业的市场地位,是企业永续经营的必由之路(市场压力)；a41：公司不能裹足不前,而需要在探寻更高市场地位基础上的积极进取(竞争环境)；a42：公司重新规划和设计了组织中各部门的职能和职权(指向公民行为的管理实践)；a43：将更多的职外行为纳入员工的职务说明书(指向公民行为的管理实践)
Case 6	a44：鉴于绩效压力,我[上司]不得不强调员工在角色外行为上的主动性(指向组织内生情境的公民压力)；a45：鉴于绩效压力,我[上司]不得不强调员工在职外活动上的奉献(指向组织内生情境的公民压力)；a46：我[上司]希望下属乐于做一些职责范围之外但是对组织有益的事情(上司的公民期望)；a47：恰当的方式和语言会避免下属的抵触情绪(领导风格)；a48：和谐的上下级关系会让员工更愿意付出(上下级关系)；a49：在组织内培育一种鼓励公民行为的氛围(组织公民氛围)；a50：避免压抑下属的想法或情绪(上司压制)
Case 7	a51：上司非常强调工作职责以外的表现(上司的公民期望)；a52：我上司的脾气不好,对人不友好(领导风格)；a53：我不太认可上司的领导风格和工作态度(认同)；a54：上司对别人的情绪反应视而不见(领导风格)；a55：很不情愿与那个不喜欢的同事分享知识或交流沟通(指向组织内生情境的公民压力)；a56：公司里有义务加班的习惯(组织公民氛围)
Case 8	a57：公司的例会总是安排在下班以后(指向组织内生情境的公民压力)；a58：即使到了下班时间,员工也不愿做第一个先于上司离开公司的人(同事公民反应)；a59：每天早上需提前15分钟到达公司打扫卫生(指向组织内生情境的公民压力)；a60：上司经常对员工发脾气(领导风格)；a61：得罪了他会招致冷嘲热讽甚至"穿小鞋"(心理安全)；a62：除了个别人,他[上司]和大多数同事的关系都挺僵的(上下级关系)；a63：他[上司]为了超额完成组织任务,常常要求我们为工作付出更多的努力(上司的公民期望)
Case 9	a64：感受到被期待参与组织公民行为的压力(指向员工个体感知的公民压力)；a65：往往来自上司的这种期待带有敌意和强迫(领导风格)；a66：他[上司]常常是一种"顺我者昌逆我者亡"的强势态度(自尊)；a67：让人感觉一种不安全的心理氛围(心理安全)；a68：如果不响应上司的公民期望则有可能被"穿小鞋"(心理安全)；a69：枪打出头鸟,应该三思而后行(成本收益分析)

续 表

样 本	概 念
Case 10	a70：感觉行为主动性受到了威胁(心理安全)；a71：害怕上司的挤压(成本收益分析)；a72：让我觉得自己在组织中是不重要的(自尊)；a73：不清楚角色自身的期望(角色模糊)；a74：面对过多的角色要求(角色超载)；a75：我不认可上司的领导风格(认同)；a76：期望得到上司的合理解释(组织公平)
Case 11	a77：对行为具有心理顾虑(心理安全)；a78：不知如何处理和完成工作角色(角色模糊)；a79：自身的时间限制难以顺利完成预期的多种角色任务(角色超载)；a80：我怀疑上司的领导能力(认同)；a81：期望上级能够与我坦诚交流(组织公平)；a82：虽然不情愿我也不得不参与一些职外活动(指向员工个体感知的公民压力)
Case 12	a83：害怕得到消极性评价(心理预期)；a84：不需要有任何戒备心(心理安全)；a85：不清楚角色的立场(角色模糊)；a86：自身能力条件的限制难以顺利完成预期的多种角色要求(角色超载)；a87：上司为了自己的利益不惜牺牲下属的利益(认同)；a88：希望上司可以充分考虑我的立场(组织公平)
Case 13	a89：无法获得清晰的角色期望(角色模糊)；a90：拥有的资源不足以应付角色的要求(角色超载)；a91：我不太认同上司的做法(认同)；a92：但愿分配结果能够反映我对组织所做的贡献(组织公平)
Case 14	a93：担心自己的行为能否被他人接受(心理预期)；a94：不知道如何满足管理者的角色期望(角色模糊)；a95：我对上司不赞同(认同)；a96：希望上司会以公平的方式来处理与工作有关的决策(组织公平)
Case 15	a97：担心自己的行为遭到冷嘲热讽(心理预期)；a98：不知道自己应该扮演何种角色(角色模糊)；a99：内心紧张、焦虑和恐惧(心理安全)；a100：我情愿在个性特征上与上司区分开来(认同)；a101：期望上司在进行职外工作的分配时，能够给予合理的解释(组织公平)；a102：要看上级分配的额外工作是否常见(职外任务特性)
Case 16	a103：衡量一下自己的行为值不值得(成本收益分析)；a104：让我觉得自己在组织中是没有意义的(自尊)；a105：我不愿意将自己归属到上司的团队内(认同)；a106：希望上司能对我的角色外工作提供真实有用的反馈(组织公平)；a107：要看上级分配的职外任务是否已解决(职外任务特性)
Case 17	a108：考虑一下自己的行为反应会带来怎样的好处与坏处(成本收益分析)；a109：让我觉得自己在组织中是不受信任的(自尊)；a110：在这个组织内我难以满足自我强化的需求(认同)；a111：期望有足够的程序可以对我的职外工作表现重新加以评估(组织公平)；a112：要看上级分配的额外工作是否是我喜欢的(职外任务特性)

第4章 中国背景下强制性组织公民行为的影响因素研究

续 表

样 本	概 念
Case 18	a113：由于房地产业的冬季来临,整个行业都不太景气了(市场环境)；a114：企业之间的竞争程度同样激烈(竞争环境)；a115：在这种外部环境恶劣的情况下,公司高层更多地期望内部作为(指向组织外生情境的公民压力)；a116：作为基层领导者也明显感受到这方面的压力(指向组织内生情境的公民压力)；a117：他们[下属]应该得到应有的尊重和肯定(自尊)；a118：尽量将有挑战的工作安排给那些"圈内人"(上下级关系)；a119：当然,最好谆谆教导而非言辞犀利(领导风格)；a120：尽量使分配结果能与员工的角色任务及工作绩效相匹配(组织公平)；a121：明显让他们[下属]感到很重视其职务外行为(上司是我公民期望)；a122：营造一个良好的奉献氛围(组织公民氛围)；a123：也要尽量考虑他们的能力差异(员工个体差异)；a124：当然还有他们[下属]的性格(员工个体差异)；a125：要让他们[下属]打心底里感受到这样做是值得的(心理预期)
Case 19	a126：因为我感觉被忽视和贬低了(自尊)；a127：我感觉不值得这样做(心理预期)；a128：对于表现良好的员工,企业应该给予应得的奖励(组织公平)；a129：要看上级分配的额外工作是否吸引人(职外任务特性)；a130：取决于个人性格(员工个体差异)；a131：对待权威的态度不同(员工个体差异)
Case 20	a132：既不情愿又害怕被谴责(成本收益分析)；a133：让我觉得自己在组织中是没有价值的(自尊)；a134：希望上司与我沟通的内容更加明确和具体(组织公平)；a135：取决于这些额外工作能否满足自己的某些内在需求(职外任务特性)
Case 21	a136：他[上司]待人不友善(领导风格)；a137：他[上司]不容易相处(上下级关系)；a138：既不情愿又害怕得罪上司(成本收益分析)；a139：要看上级分配的额外工作是否需要花费太多个人时间(职外任务特性)；a140：布置职外任务时个性应该得到尊重和考虑(员工个体差异)
Case 22	a141：直接抵触上级不会有好果子吃(心理安全)；a142：感觉做出的努力得不到应有的肯定(自尊)；a143：做出行为决策之前要在所得和所失之间进行权衡(成本收益分析)；a144：感觉得不到应有的回报(心理预期)；a145：他[上司]是出了名的苛刻和坏脾气(领导风格)；a146：骂人都不带脏字(领导风格)；a147：不顺从的话就有可能挨批评(心理预期)
Case 23	a148：组织内充斥着很多的公民压力(指向组织内生情境的公民压力)；a149：感受到参与公民行为的压力(指向员工个体感知的公民压力)；a150：在你所能得到的和所能失去的之间进行判断(成本收益分析)；a151：有可能吃力不讨好(心理预期)；a152：但不做的话也可能得罪上级(心理预期)；a153：必须使用一些政治策略或技能来应对压力(员工个体差异)

续 表

样本	概　念
Case 24	a154：行业的竞争压力让公司更加关注员工的主动性和奉献性(指向组织外生情境的公民压力)；a155：绩效目标让管理者更加关注员工的主动性和奉献性(指向组织内生情境的公民压力)；a156：来自上司的管理压力让我[下属]需要奉献更多(上司的公民期望)；a157：来自同事的公民反应带给我[下属]一定的社会性压力(同事公民反应)；a158：来自组织的公民氛围压力让我[下属]需要参与更多职外行为(组织公民氛围)
Case 25	a159：我们的企业面临着一定的竞争压力(竞争压力)；a160：我们的团队面临着一定的绩效压力(指向组织内生情境的公民压力)；a161：我[上司]的员工面临着提高工作效率和奉献更多努力的压力(指向员工个体感知的公民压力)；a162：我[上司]期望我的员工将组织看作"家"并愿意为之奉献(上司的公民期望)；a163：通过积极地与员工进行沟通交流以消除其抵触情绪(组织公平)；a164：在平等的基础上动之以情晓之以理(自尊)
Case 26	a165：下属的社会机敏性、人际影响等技能很重要(员工个体差异)；a166：下属的主动性和外向性等特质很重要(员工个体差异)；a167：上司的领导方式和作风很重要(领导风格)；a168：领导和下属之间关系很重要(上下级关系)；a169：组织内良性的公民氛围很重要(组织公民氛围)
Case 27	a170：让员工清晰其角色及任务(角色模糊)；a171：了解并降低员工的角色压力(角色超载)；a172：营造一个安全的心理氛围(心理安全)；a173：需要争取得到下属的理解与认同(认同)；a174：向下属描述愿景以增加其心理收益(心理预期)；a175：给下属更多的支持、帮助与授权以降低其心理成本(心理预期)
Case 28	a176：他[上司]强调下属在职外行为上的主动性(上司的公民期望)；a177：他[上司]会在日常工作中处处传递着这种意愿(上司的公民期望)；a178：同事往往会顺从或屈服这一意愿(同事公民反应)；a179：即使不情愿我也不愿做"出头鸟"(指向员工个体感知的公民压力)；a180：有时自己不情愿但又害怕得罪上司(成本收益分析)
Case 29	a181：迫于组织压力我不得不考虑参与更多的角色外活动(指向组织内生情境的公民压力)；a182：迫于上司压力我不得不考虑参与更多的角色外活动(指向组织内生情境的公民压力)；a183：迫于同事压力我不得不考虑参与更多的角色外活动(指向组织内生情境的公民压力)；a184：综合各种因素进行风险评估(成本收益分析)；a185：担心努力得不到应有的尊重(自尊)
Case 30	a186：组织希望员工具有"主人翁"的心态(组织的公民期望)；a187上司希望下属响应自己的期望(上司的公民期望)；a188：不惜利用权力或优势使员工被迫按其意愿从事职外行为(领导风格)；a189：这一过程中应该注重尊重下属(自尊)；a190：应该尽量得到下属的认同和接受(认同)；a191：注意缓解下属可能出现的角色负累(角色超载)；a192：促使下属对公民压力形成健康的心理评判(成本收益分析)

第4章 中国背景下强制性组织公民行为的影响因素研究

境的公民压力、竞争压力、市场压力、竞争环境、市场环境、组织的公民期望、指向公民行为的管理实践、指向组织外生情境的公民压力、指向员工个体感知的公民压力、角色模糊、角色超载、组织公平、员工个体差异、自尊、认同、心理安全、成本收益分析、心理预期等。每个范畴所包含的概念及其各自的性质和维度如表4-3所示。

表4-3 归纳范畴及其性质和维度

范畴	包含的概念	范畴的性质	范畴的维度
aa1：上司的公民期望	a46；a51；a63；a156；a162；a176；a177；a187	上司对员工的助人、建言、创新等组织公民行为的期望	期望水平的高低
aa2：同事公民反应	a3；a58；a157；a178	同事对于组织内的各种组织公民行为压力的反应	屈从、逢迎、拒绝
aa3：组织公民氛围	a49；a56；a122；a158；a169	在某种环境中员工对一些公民事件、职外活动及那些可能会受到奖励、支持和期望的职外活动的认识	公民氛围的浓厚与淡泊
aa4：职外任务特性	a102；a112；a129；a135；a139	员工对于上司或组织期望或安排的角色外任务本身的认知	任务复杂性、任务挑战性及其内在激励性
aa5：上下级关系	a48；a62；a118；a137；a168	存在于上下级之间基于某种共同经历或共同属性的"特殊的连带"(Jacobs,1979)[126]	关系亲疏
aa6：领导风格	a1；a2；a5；a6；a47；a52；a54；a60；a65；a119；a136；a145；a146；a167；a188	领导在处理组织内的公民压力或传达公民期望时惯化的行为方式	关系型、命令型、辱虐型
aa7：指向组织内生情境的公民压力	a4；a44；a45；a55；a57；a59；a116；a148；a155；a160；a181；a182；a183	源自组织内部的各种组织公民行为的压力	上司压力、同事压力、组织氛围压力
aa8：竞争压力	a12；a31；a37；a159	在特定的机制、规则下，组织为达到各方共同的目的而不得不做出较量的压力	竞争压力的大小

续 表

范　畴	包含的概念	范畴的性质	范畴的维度
aa9：市场压力	a10；a23；a24；a40	给市场主体造成一定外部压力,并能刺激市场主体产生奋发力的经济制约机制	市场压力的大小
aa10：竞争环境	a8；a11；a19；a114；a22；a29；a41	企业所在行业及其竞争者的参与、竞争程度	企业市场成本及进入壁垒的高低
aa11：市场环境	a9；a20；a21；a30；a39；a113	经营活动所处的社会经济环境中企业不可控制的因素	政治法律、经济技术、社会文化、自然地理和竞争等方面的因素
aa12：组织的公民期望	a14；a15；a33；a34；a186	组织对员工的助人、建言、创新等组织公民行为的期望	期望水平的高低
aa13：指向公民行为的管理实践	a16；a17；a18；a26；a27；a28；a35；a36；a42；a43	企业的一系列激发公民行为的人力资源政策以及相应的管理活动	指向公民行为的职权的划分、部门设计和管理策略
aa14：指向组织外生情境的公民压力	a13； a25； a32； a38；a115；a154	源自组织外部的各种组织公民行为的压力	市场压力、竞争压力
aa15：指向员工个体感知的公民压力	a64；a82；a149；a161；a179	源自员工心理认知的各种组织公民行为的压力	角色压力、心理压力
aa16：角色模糊	a73；a78；a85；a89；a94；a98；a170	不知道扮演的角色应该做什么不应该做什么和怎么做	角色理解、角色认识
aa17：角色超载	a74； a79； a86； a90；a171；a191	承担了对个体具有太多要求的角色	时间超载、精力超载、资源超载、能力超载

第4章 中国背景下强制性组织公民行为的影响因素研究

续 表

范　畴	包含的概念	范畴的性质	范畴的维度
aa18：组织公平	a76；a81；a88；a92；a96；a101；a106；a111；a120；a128；a134；a163	员工对与个人利益有关的组织制度、政策和措施的公平感受	分配公平、程序公平、互动公平
aa19：员工个体差异	a123；a124；a130；a131；a140；a153；a165；a166	员工在成长过程中受遗传和环境的交互影响，使个体在身心特征上显示出的彼此各不相同的现象	人格、价值取向、个体特征
aa20：自尊	a66；a72；a104；a109；a117；a126；a133；a142；a164；a185；a189	个体通过社会比较而对其社会角色进行自我评价的结果	高自尊、低自尊
aa21：认同	a53；a75；a80；a87；a91；a95；a100；a105；a110；a173；a190	员工对组织或上司行为的理解、认可与肯定程度	认同度的高低
aa22：心理安全	a7；a61；a67；a68；a70；a77；a84；a89；a99；a141；a172	员工感知到的由于自己参与了有风险的行动而导致自己受到伤害的可能性	心理安全高低
aa23：成本收益分析	a69；a71；a103；a108；a132；a138；a143；a150；a180；a184；a192	以量入为出的经济理念为基础，对组织公民行为的投入与收益进行估算和衡量	成本大于收益、成本小于收益
aa24：心理预期	a83；a93；a97；a125；a127；a144；a147；a151；a152；a174；a175	强调未来的不确定性对于个体的公民行为的决定性影响作用	正面预期、负面预期

进一步地，本研究采用不同编码者在范畴归类时的一致性系数 Kappa 值来检验研究信度。结果表明，192 个概念归类到 24 个范畴的结果具有很好的一致性（表 4-4）。

表 4-4 各个范畴的信度检验结果

范　　畴	频次	Kappa 系数	范　　畴	频次	Kappa 系数
aa1：上司的公民期望	8	0.81	aa13：指向公民行为的管理实践	10	0.75
aa2：同事公民反应	4	0.64	aa14：指向组织外生情境的公民压力	6	0.69
aa3：组织公民氛围	5	0.79	aa15：指向员工个体感知的公民压力	5	0.76
aa4：职外任务特性	5	0.66	aa16：角色模糊	7	0.75
aa5：上下级关系	5	0.83	aa17：角色超载	6	0.73
aa6：领导风格	15	0.87	aa18：组织公平	12	0.67
aa7：指向组织内生情境的公民压力	13	0.70	aa19：员工个体差异	8	0.71
aa8：竞争压力	4	0.75	aa20：自尊	11	0.73
aa9：市场压力	4	0.67	aa21：认同	11	0.69
aa10：竞争环境	7	0.55	aa22：心理安全	11	0.85
aa11：市场环境	6	0.53	aa23：成本收益分析	11	0.79
aa12：组织的公民期望	5	0.76	aa24：心理预期	11	0.77

具体地，上司的公民期望(aa1)、上下级关系(aa5)、领导风格(aa6)和心理安全(aa22)等 4 个范畴的 Kappa 值大于 0.80，表示"几乎完全一致"；同事公民反应(aa2)、组织公民氛围(aa3)、职外任务特性(aa4)、指向组织内生情境的公民压力(aa7)、竞争压力(aa8)、市场压力(aa9)、组织的公民期望(aa12)、指向公民行为的管理实践(aa13)、指向组织外生情境的公民压力(aa13)、指向员工个体感知的公民压力(aa15)、角色模糊(aa16)、角色超载(aa17)、组织公平(aa18)、员工个体差异(aa19)、自尊(aa20)、认同(aa21)、成本收益分析(aa23)和心理预期(aa24)等 19 个范畴的 Kappa 值介于 0.61~0.80 之间，表示"高度的一致"；竞争环境(aa10)和市场环境(aa11)等 2 个范畴的 Kappa 值介于 0.41~0.60 之间，表示"中等的一致"。

4.4.3 主轴编码(二级编码)

本研究进而将开放式编码中得到的 26 个范畴按照"前因条件→理论现象→脉络背景→中介条件→行动/互动策略→结果"这一典范模型联结在一起,发现并建立范畴间的相互关系。经过反复地比较和挖掘,并根据"强制性组织公民行为的影响因素"这一核心问题,本研究将开放式编码提炼的 26 个范畴概括为三个主范畴,并用"A+序号"的形式表示。分别是:指向组织外生情境的公民压力(A1)、指向组织内生情境的公民压力(A2)和指向员工个体感知的公民压力(A3)。

(1) 主范畴一:指向组织外生情境的公民压力

表 4-5 为主范畴一(指向组织外生情境的公民压力)的典范模型及其范畴之间的关系。其中,竞争压力(aa8)和市场压力(aa9)两个范畴是指向组织外生情境的公民压力的前因条件,竞争环境(aa10)和市场环境(aa11)两个范畴是脉络背景,组织的公民期望(aa12)是中介条件,而指向公民行为的管理实践(aa13)是指向组织外生情境的公民压力的行动/互动策略。另外,通过对访谈资料的进一步整理和分析,形成了可以验证主范畴一的典范模型的证据链,如图 4-2 所示。

表 4-5 指向组织外生情境的公民压力(主范畴一)的典范模型

前因条件	现象
aa8:竞争压力 aa9:市场压力	aa16:指向组织外生情境的公民压力
前因条件的性质	特征面向
在特定的机制、规则下,组织为达到各方共同的目的而不得不做出较量的压力 给市场主体造成一定外部压力,并能刺激市场主体产生奋发力的经济制约机制	竞争的压力　　压力大/压力小 市场的压力　　压力大/压力小

续表

脉　络　背　景
企业所在行业及其竞争者的参与、竞争程度(aa10：竞争环境) 经营活动所处的社会经济环境中企业不可控制的因素(aa11：市场环境)

中介条件	行动/互动策略
组织的公民期望(aa12)	指向公民行为的管理实践(aa13)

结　果
在竞争环境和市场环境等脉络背景下，由于组织外部的竞争压力和市场压力的驱动作用，以组织的公民期望为中介条件，通过指向公民行为的管理实践，以期提升组织的角色外绩效

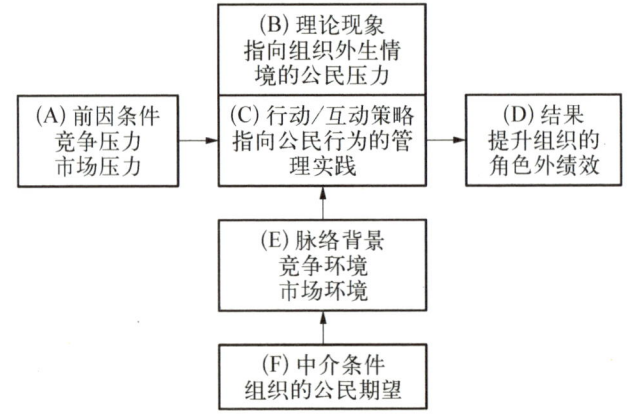

图4-2　指向组织外生情境的公民压力(主范畴一)的证据链

(2) 主范畴二：指向组织内生情境的公民压力

表4-6为主范畴二(指向组织内生情境的公民压力)的典范模型及其范畴之间的关系。其中，上司的公民期望(aa1)是指向组织内生情境的公民压力的前因条件，同事公民反应(aa2)和组织公民氛围(aa3)两个范畴是脉络背景，上下级关系(aa5)和职外任务特性(aa4)两个范畴是中介条件，而领导风格(aa6)是指向组织内生情境的公民压力的行动/互动策略。另外，通过对访谈资料的进一步整理和分析，形成了可以验证主

第 4 章 中国背景下强制性组织公民行为的影响因素研究

范畴二的典范模型的证据链,如图 4-3 所示。

表 4-6 指向组织内生情境的公民压力(主范畴二)的典范模型

前 因 条 件	现 象	
aa1:上司的公民期望	aa7:指向组织内生情境的公民压力	
前因条件的性质	特 征 面 向	
上司对员工的助人、建言、创新等组织公民行为的期望	期望水平	水平高/水平低
脉 络 背 景		
同事对于组织内的各种组织公民行为压力的反应(aa2:同事公民反应) 在某种环境中员工对一些公民事件、职外活动及那些可能会受到奖励、支持和期望的角色外行为的认识(aa3:组织公民氛围)		
中 介 条 件	行动/互动策略	
上下级关系(aa5) 职外任务特性(aa4)	领导风格(aa6)	
结 果		
在组织的公民氛围和同事的公民反应等脉络背景下,由于来自上司的公民期望的驱动作用,以上下级关系和职外任务特性为中介条件,通过领导风格,以期提升员工的角色外绩效		

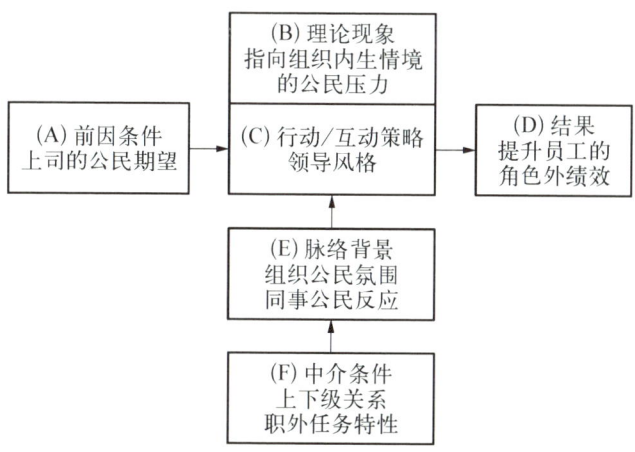

图 4-3 指向组织内生情境的公民压力(主范畴二)的证据链

(3) 主范畴三：指向员工个体感知的公民压力

表4-7为主范畴三(指向员工个体感知的公民压力)的典范模型及其范畴之间的关系。其中,角色模糊(aa16)和角色超载(aa17)两个范畴是指向员工个体感知的公民压力的前因条件,组织公平(aa18)和员工个体差异(aa19)两个范畴是脉络背景,心理安全(aa22)、自尊(aa20)和认同(aa21)三个范畴是中介条件,而成本收益分析(aa23)和心理预期(aa24)两个范畴是指向员工个体感知的公民压力的行动/互动策略。另外,通过对访谈资料的进一步整理和分析,形成了可以验证主范畴三的典范模型的证据链,如图4-4所示。

表4-7 指向员工个体感知的公民压力(主范畴三)的典范模型

前因条件	现象
aa16：角色模糊 aa17：角色超载	aa15：指向员工个体感知的公民压力
前因条件的性质	特征面向
不知道扮演的角色应该做什么不应该做什么和怎么做 承担了对个体具有太多要求的角色	角色理解、角色认识 时间超载、精力超载、资源超载、能力超载	理解力高/理解力低 认识清晰/认识模糊 超载水平高/超载水平低

脉络背景
员工对与个人利益有关的组织制度、政策和措施的公平感受(aa18：组织公平) 员工在成长过程中受遗传和环境的交互影响,使个体在身心特征上显示出的彼此各不相同的现象(aa19：员工个体差异)

中介条件	行动/互动策略
心理安全(aa22) 自尊(aa20) 认同(aa21)	成本收益分析(aa23) 心理预期(aa24)

结果
在组织公平和员工个体差异等脉络背景下,由于受到角色模糊和角色超载的驱动作用,以心理安全、自尊和认同为中介条件,通过成本收益分析和心理预期,以期做出强制性组织公民行为决策

第4章 中国背景下强制性组织公民行为的影响因素研究

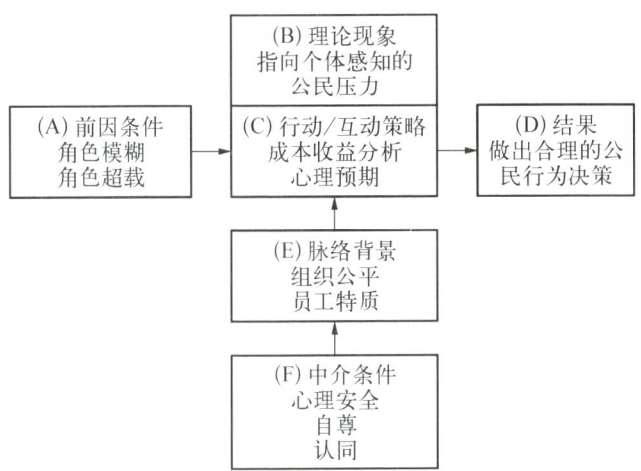

图 4-4 指向员工个体感知的公民压力(主范畴三)的证据链

4.4.4 选择式编码(三级编码)

通过对三个主范畴的继续考察和深入分析,同时结合原始访谈材料进行互动比较和提问,发现可以用"强制性组织公民行为的影响因素"这个范畴来分析和概括其他大多数范畴和概念,本研究将其定义为核心范畴。核心范畴被选择出来后,能够将绝大部分概念、范畴体系整合成为可以被正确理解和合理解释的理论体系,进而形成一个围绕核心范畴的故事链,对访谈资料的核心内容能够形成简要的描述,在描述中包含了所有范畴,并描述了这些范畴与核心故事的关系。

围绕该核心范畴的"故事线"可以概括为:

全球化的进程以及日新月异的科技创新日益将企业置于一个快速变化的环境之中,为了适应这种不确定和竞争激烈的环境,企业更加注重提升组织的角色外绩效。这些来自组织外部的公民压力也使企业管理者对员工的助人、建言、创新等组织公民行为表现出更多的期望,甚至通过辱虐、强迫和压制等管理方式向下属表达这种意愿。这种带有压力的公民期望加上因为参与多种角色而带来的角色模糊和角色超载,会增加指向员工个体感知的公民压力,例如损害自尊、公平、认同和心理安全等。最后,员工会结合心理认知、个体特质和组织内外压力源进行强制性组织公民行为的成本收益分析,在此基础上形成正面或负面的心理预期,并进而做出强制性组织公民行为决策。

经过确认与核实,上述故事线能够代表全部资料所呈现的现象,从而构想出了核心范畴与其他概念、范畴体系的假设性关系。通过对访谈资料的进一步整理和分析,形成了可以验证核心范畴形成的证据链,如图 4-5 所示。

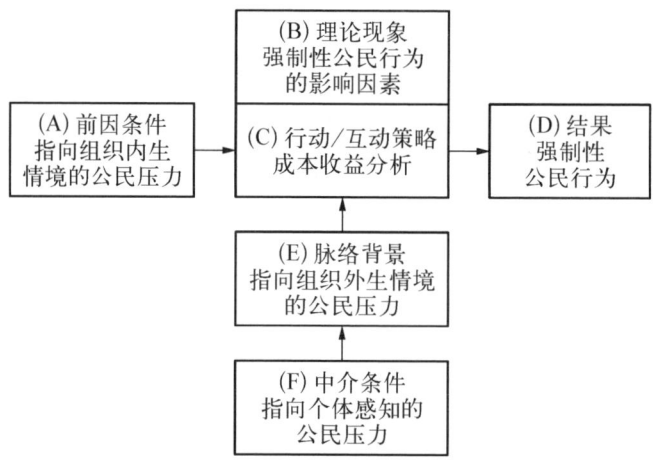

图 4-5 核心范畴形成的证据链

通过三级编码的细致分析,结合前面总结出的概念、初级范畴、次要范畴和主要范畴,再对资料和编码进行反复的比较,本研究构建出一个多维度的员工强制性组织公民行为影响因素体系,包括:指向组织外生情境的公民压力、指向组织内生情境的公民压力和指向员工个体感知的公民压力三个维度(图 4-6)。为检验研究结果的理论饱和度,本研究将访谈对象的回答编码进行随机抽取,发现没有形成新的范畴,理论饱和度检验通过。

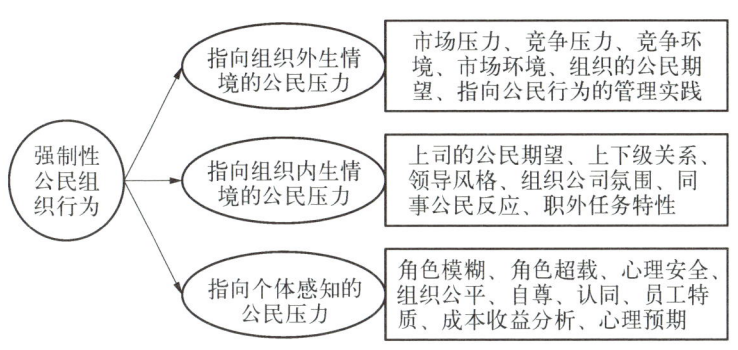

图 4-6 强制性组织公民行为的影响因素体系

4.4.5 强制性组织公民行为形成路径全模型的构建

通过对该影响因素体系和研究资料的进一步分析,不难发现,这三个维度在强制性组织公民行为形成的过程中,体现了不同程度的重要性,它们之间彼此联系相互影响构成了强制性组织公民行为形成路径的全模型(图4-7)。该模型分为三个阶段:信息收集过程、认知加工过程和行为决策过程。

首先,当员工面对某一情境压力时会就影响其强制性组织公民行为决策判断的组织情境因素进行感知,并将获得的信息输入到下一阶段个体对强制性组织公民行为的认知加工之中(信息收集阶段)。

其次,在充分了解既定的组织情境压力前提下,员工通过对影响个体认知因素的公民压力的感知,获得以组织情境压力为基础的指向员工个体感知的组织公民行为压力评价。并结合第一阶段收集到的可用于认知加工的信息进行编码与考量(认知加工阶段)。

最后,结合第一阶段的信息和第二阶段的认知加工结果形成心理认知并进行心理预期判断,在此基础上进一步做出行为决策(行为决策阶段)。具体地,若员工对组织公民行为压力的认知是激发自我效能感(例如,认为表现组织公民行为可以获取奖励、满足私利的支持行为、得到及

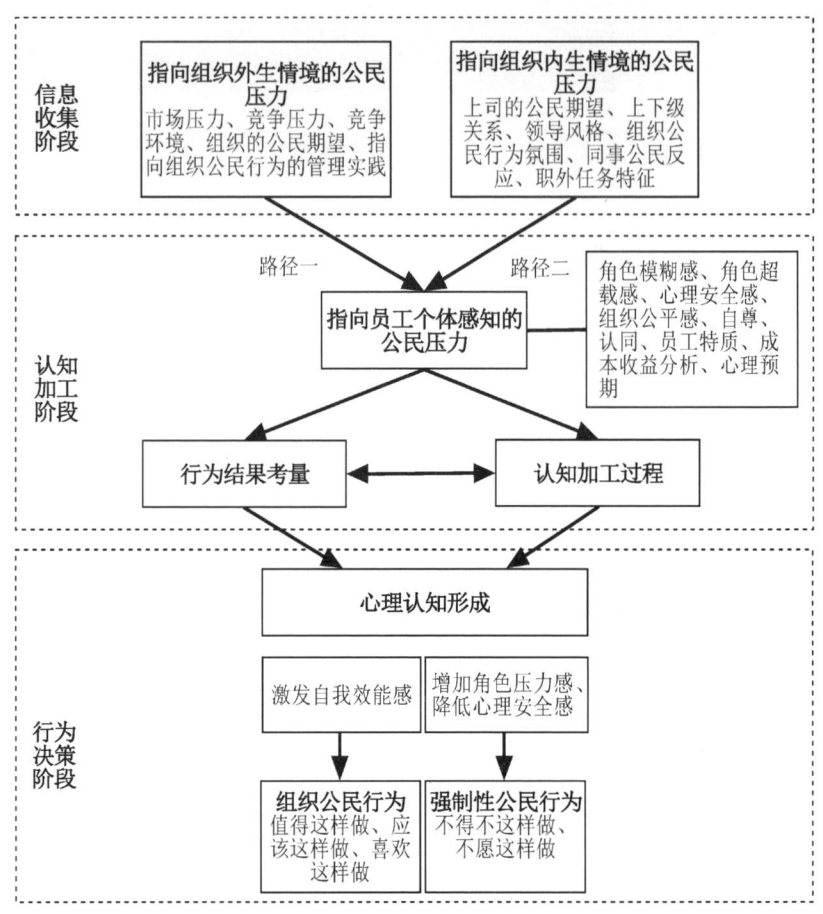

图 4-7 强制性组织公民行为形成路径全模型

时的信息反馈和工作价值的肯定等），则形成对组织公民行为的正面预期（即：值得这样做、应该这样做或喜欢这样做），此时的员工会乐意表现出组织公民行为；反之，若员工对组织公民行为压力的认知是增加角色压力感或降低心理安全感（例如，认为表现组织公民行为得不到应有的回报或回报不足，且伴有上司的强迫行为或组织内的公民压力等），则形成对组织公民行为的负面预期（即：不得不这样做或不愿意这样做），此时的员工会倾向于表现出强制性组织公民行为。

总之，该理论模型注重员工对强制性组织公民行为情境的信息收集过程、认知加工过程与行为决策过程,不仅强调强制性组织公民行为发生的各个阶段,同时也强调个体心理认知变量,做到了将客观情境、主观认知以及各个影响因素和各个形成阶段之间的联系,很好地保证了理论模型的整体性与动态性。

基于该理论模型中的不同路径可以剖析员工强制性组织公民行为的多个形成机制。例如,强制性组织公民行为的形成机制在路径一中可以阐释为,指向组织外生情境的公民压力(如市场压力、竞争压力、竞争环境、组织的公民期望等)通过影响指向个体感知的公民压力而形成心理认知(如角色压力感、心理安全感等),并进而作用于员工强制性组织公民行为的表现。与之类似,强制性组织公民行为的形成机制在路径二中可以阐释为,指向组织内生情境的公民压力(如领导风格、上下级关系、上司的公民期望、组织公民行为氛围等)通过影响指向个体感知的公民压力而形成心理认知(如角色压力感、心理安全感等),并进而作用于员工强制性组织公民行为的表现。

4.5 本章小结

本章通过扎根理论的方法研究了中国背景下强制性组织公民行为的影响因素。

首先,介绍了研究思路,并提出采用扎根理论研究方法来进行理论建构工作。

其次,对访谈对象的选取原则和样本情况进行了描述,并阐述了访谈提纲设计、访谈前期准备、访谈过程控制以及访谈资料整理等访谈程序。

最后,依次采用开放式编码、主轴编码和选择式编码等三级编码过程,提出了一个以"中国背景下强制性组织公民行为影响因素"为核心范畴,涵盖3个主范畴、24个正式范畴和192个初步概念的体系结构,并在此基础上分析了强制性组织公民行为的形成过程,构建了强制性组织公民行为形成路径的全模型。

第5章
中国背景下强制性组织公民行为的形成路径研究*

5.1 研 究 思 路

本章将基于第4章的研究结果,并结合国内外已有研究成果和相关理论,对员工强制性组织公民行为的形成路径进行探讨与验证。诚然,基于强制性组织公民行为形成路径的全模型可以剖析员工强制性组织公民行为的多条形成路径(图4-7),但由于篇幅和精力等方面的限制,本书拟选择诸多形成路径中的其中一条进行重点分析与验证。即路径二中领导风格通过心理安全感对员工强制性组织公民行为的影响机制。这主要是因为员工的职场活动大多数都同其领导者有关,在华人组织中,领导者更被看成是楷模与良师,领导者的行为风格对员工的行为产

---

* 本部分已发表在以下论文中:
[1] Zhao H D, Peng Z L, Han Y, et al. Psychological mechanism linking abusive supervision and compulsory citizenship behavior: A moderated mediation study [J]. Journal of Psychology, 2013,147(2): 177-195.
[2] 赵红丹,彭正龙. 哪种领导行为会让一线员工更愿意付出? [J]. 经济管理,2011(7): 61-68.(人大复印资料《企业管理研究》2011年第11期和"国研网"全文转载)

生着重要的影响(Wang等,2005)[46]。而且已有研究也指出,上司的领导风格是下属表现出强制性组织公民行为的重要影响因素之一(Vigoda-Gadot,2006[10])。

因此,本章的主要研究思路是:从个体心理安全认知的视角,构建辱虐型领导风格对强制性组织公民行为影响的理论模型,同时考虑员工个体差异(员工传统性)在其中的调节作用,并结合实际调研结果进行实证验证。主要原因在于:

其一,作为领导行为消极面的典型代表,辱虐型领导风格已引起国内外学界的高度重视,并成为探讨的热点话题(高日光,2009)[12]。相关研究也表明上司辱虐管理会对下属的心理、态度和行为均产生显著的影响。例如,造成员工的情绪耗竭、工作压力、离职倾向和家庭关系的恶化(Hoobler和Brass,2006[127];Tepper,2000[61]),降低员工的工作绩效、工作满意度、感情承诺和规范承诺(Aryee, Chen, Sun 和 Debrah, 2007[128]; Aryee, Sun, Chen 和 Debrah, 2008[129]; Tepper, 2000[61]; Tepper,Duffy,Hoobler 和 Ensley,2004[55]),甚至引起员工的报复行为(Bamberg 和 Bacharach,2006[130]; Tepper, Henle, Lambert 和 Giacalone,2008[131])等。

其二,虽然尚无相关的实证证据,但是较多的研究都指出上司的辱虐管理是下属表现出强制性组织公民行为的主要影响因素之一。例如,Vigoda-Gadot(2006)[10]认为,由于组织公民行为对于组织的各种好处,面对市场和竞争压力,企业管理者会使用各种各样的手段,如辱虐管理等,来促使员工表现出更多的组织公民行为,即使这种管理方式没有敌对色彩,也可能会显著激发员工的强制性组织公民行为。Zellars 等(2002)[54]人也探讨了辱虐管理对强制性组织公民行为的影响作用,尤其是程序公平和角色定义所起到的中介和调节作用。

其三,一般来说,人的行为态度是由其思想或心理感知支配的,许多

第 5 章　中国背景下强制性组织公民行为的形成路径研究

研究也表明下属的情绪和认知要素是连接上司的领导行为及其结果变量的重要桥梁（Avolio，Zhu，Koh 和 Bhatia，2004[132]；Chen 和 Aryee，2007[16]）。本研究在第 4 章所得到的强制性组织公民行为形成路径全模型也充分印证了这一观点，即上司的辱虐管理不仅直接作用于员工的强制性组织公民行为表现，这一作用力还需要先经过员工对上司辱虐管理的感受转化为心理感知，最终通过其行为表现出来。另外，虽然员工对上司辱虐管理的心理感知可以表现在很多方面，如组织支持感（Tepper，2000[61]；李锐、凌文辁、柳士顺，2009[133]）、心理安全感（Zellars，Tepper，Duffy，2002[54]；李锐、凌文辁、柳士顺，2009[133]；吴维库、王未、刘军、吴隆增，2012[134]）和组织公平感（Baron，1993[135]；高日光，2009[12]）等，本研究主要聚焦于员工的心理安全感。原因在于：一方面，员工的心理安全感知被普遍认为是一个影响员工行为的重要认知变量（Edmondson，1999[136]；Gregory 等，2009[137]；Kark，Carmeli，2009[138]；Carmeli，Brueller，Dutton，2009[139]；Walumbwa 和 Schaubroeck，2009[140]）；另一方面，扎根理论的研究结果也表明，心理安全感在员工强制性组织公民行为形成路径的全模型中起着重要的作用。所以，本研究选择心理安全感作为员工心理认知的代表变量，研究其在强制性组织公民行为形成路径中的中介作用。

其四，在中国组织情境内研究辱虐管理对员工强制性组织公民行为的作用机制，也不能忽视员工的个体差异在其中的影响，尤其是员工价值取向（value orientation）的差异。一方面，根据文化的自我表征（cultural self-representation）理论，个体在自我认知过程中，通常只接受对个体自我概念有价值的外界信息，而员工的价值取向往往决定了管理实践对于特定社会中的个体意味着什么，而且也为"管理实践对个体是否有价值"提供了评判的标准（Erez，Earley，1993）[19]。而在以往的研究中，传统性（Traditionality）被认为是最能描述中国人性格与价值取向的概念之一,对个体的行为或态度产生着重要的影响(Farh 等,1997)[4]。另一方面,辱虐型领导在中国组织情景中的存在,一定是与文化或制度背景相匹配的,在研究辱虐管理的作用过程中融入具有本土文化心理特征的中国人传统性要素,将有助于更好地诠释我国组织情境中辱虐管理作用过程的实质(吴隆增、刘军、刘刚,2009)[141]。所以,本研究选择传统性作为员工个体差异的代表变量,研究其在强制性组织公民行为形成路径中的调节作用。但是与已有研究成果(吴隆增、刘军、刘刚,2009[141];Farh 等,2007[142])——仅仅探讨传统性在辱虐管理与员工表现的直接关系中的调节作用——所不同的是,本研究聚焦于传统性在领导行为与其结果变量的间接关系(通过心理安全感)中的调节作用。这主要是因为在中国这种高权力距离和注重关系的文化背景下,对于不同价值取向的员工,企业管理实践会对其自我概念(self-concept)产生不同的影响,并进而影响其行为表现(Chen 和Aryee,2007)[16]。

综合上述讨论和强制性组织公民行为的形成路径全模型,提出本研究的"被调节的中介效应模型"(Moderated Mediation Model)。如图5-1所示,在该理论模型中,除了探讨心理安全感在辱虐管理与员工强制性组织公民行为关系中的中介作用,还研究传统性对该中介作用的调节效应。

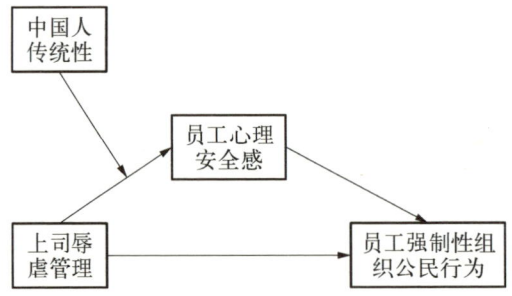

图5-1 强制性组织公民行为形成路径的"被调节的中介效应模型"

第5章 中国背景下强制性组织公民行为的形成路径研究

5.2 理论背景与研究假设

5.2.1 辱虐管理与强制性组织公民行为

辱虐管理是指下属对于上司持续地表现出语言性或非语言性敌意行为(但不包括肢体上的接触)的程度的知觉(Tepper,2000)[61]。辱虐管理具有以下特征:(1) 主观性,即上司行为是否具有破坏性完全取决于下属的主观评价;(2) 持续性,即辱虐管理是上司与下属在工作互动中经常表现出来的敌意行为(家常便饭),而不是偶尔才呈现的敌意行为(例如,由于心情不好偶尔发脾气等);(3) 敌对性,即下属感知的上司行为必须是不友好的;(4) 非肢体接触,即一些非肢体上的接触行为,如辱骂、冷嘲热讽等属于辱虐型领导行为,而对于肢体上的接触行为,如性骚扰、殴打等不属于辱虐型领导行为(Tepper,2007)[62]。

强制性组织公民行为是在组织公民行为边界划分过程中产生的概念,更可以认为是与组织公民行为对比所产生的概念,两者都承认个体在组织中会表现出超越工作职责范围的公民行为,但是在具体表现和内涵上存在很大差异(彭正龙、赵红丹,2010)[53]。首先,组织公民行为强调这些行为必须是组织成员自觉自愿表现出来的公民行为,倾向于认为员工是"好士兵";而强制性组织公民行为强调这些行为是组织成员受到外部压力被迫表现出来的公民行为,倾向于认为员工是"好演员"。其次,组织公民行为强调这些行为是组织成员的一种非正式的、无私利他的奉献行为,而强制性组织公民行为强调这些行为只是为了达成某种目的(如逢迎、升迁、印象等),这种组织公民行为带有明显的工具性动机。Vigoda-Gadot(2006)[10]进一步认为,现有的市场压力和高竞争氛围会迫使管理者通过所有可能的方式提高组织效率,也可能包括辱虐管理等敌对性方式。此时，大部分员工出于个人利益、组织地位及职场发展等的考虑，会屈服于这种管理压力，并愿意承担那些领导或组织所期望的公民活动。但是公民行为原有的自愿性、利他性等特色有可能发生极大的变异，形成强制性组织公民行为。

随着我国社会主义市场经济深入发展，资本市场的发展壮大，企业的竞争在不断加剧。现有的市场压力和高竞争氛围会迫使管理者通过所有可能的方式提高组织效率，即使管理者的这种领导方式不是敌对的，但是追求高水平组织公民行为以提高组织效率的压力，也增加了管理者采用诸如辱虐、剥削等强制性手段来提高员工组织公民行为的可能性 Vigoda-Gadot(2007)[9]。另一方面，中国职场上供（就业机会）远远小于求（就业人口），而且在薪资和职业发展方面，下属在很大程度上依赖于直接上司。为了保住职位或避免被穿小鞋，下属对于上司的强制及压迫行为即使敢怒也不敢言，由此必然助长了上司辱虐管理的持续发生（高日光，2009[12]）。辱虐型领导的首要目标是控制他人，并且这种控制主要是通过恐吓威逼来实现的（Homstein，1996）[143]。在此情况下，员工也可能感觉到，除非乐于承担这些公民活动，否则会危及自己的工作职位或组织地位。此时的利他行为、尽职行为、运动家精神、谦恭有礼和公民道德等公民行为可能在显性层面得到完全展现，但是公民行为原有的自发性、利他性等特色在隐性层面会发生极大的变异。Zellars 等人(2002)[54]和 Tepper 等人(2004)[55]也指出，由于组织中破坏型领导的存在，组织公民行为并不总是个体的自愿性选择，还会通过压制、剥削、诋毁等管理方式强加于员工，形成强制性组织公民行为。基于上述分析，提出研究假设 1：

假设 1：辱虐管理对员工的强制性组织公民行为具有显著的正向影响。

这一假设可以分为两个子假设，即：

假设 1a：辱虐管理对员工指向组织的强制性组织公民行为(CCBO)具有显著的正向影响；

假设 1b：辱虐管理对员工指向个体的强制性组织公民行为(CCBI)具有显著的正向影响。

5.2.2 心理安全感的中介作用

除了研究上司辱虐管理对员工强制性组织公民行为的直接作用之外，本研究还探讨员工心理安全感在其中的中介作用。这主要是因为，许多研究都将下属的情绪和认知要素看作是连接上司的领导行为及其结果变量的重要桥梁(Avolio, Zhu, Koh, Bhatia, 2004[132]; Chen, Aryee, 2007[16])。心理安全感是反映个体可以充分展示自我而不担心对自身形象、地位等产生负面影响的一种感受(Edmondson, 1999)[136]。它可以使个体自由展现真实的自我，而不用担心这种行为会影响到个人的地位、形象或者职业发展(Kahn, 1990)[144]。作为一种员工与上司、同事长期人际互动之后的感知，组织中人的因素和制度因素均会影响员工的心理安全感(May, Gilson, Harter, 2004[145]; Edmondson, 1999[136])。对员工而言，上司在很大程度上是组织的象征和代理人，负责组织的制度安排和规章制定；同时，组织也是通过该代理人对员工行使权力，负责掌控员工的奖惩和升迁等。因此，上司在下属心理安全感的形成与变化过程中必然扮演着相当重要的角色(Liang, Farh, 2008[146]; Walumbwa, Schaubroeck, 2009[140]; Vogelgesang, 2007[147])。那么，上司的辱虐管理行为也可能会对下属的心理安全感产生显著的影响。敌对性和持续性是辱虐管理的两个主要特征，如果员工被上级领导持续性地辱虐，他们会承受巨大压力，从而造成心理紧张，心理安全感知下降(吴维库、王未、刘军、吴隆增，2012)[134]。而且上司持续的不友好会向下属表达敌意和威胁的信号，向下属表明即使是诚实、正直的行为也可能会带来对个人的危险性,从而显著降低员工的心理安全感。

另外,员工的心理安全感还有可能对其强制性组织公民行为产生显著的影响。这主要是因为,在组织公民行为中,心理安全感是一种关键性的影响因素(Edmondson,1999[136];Li,Yan,2009[148])。组织公民行为意味着无偿付出额外的努力,而且组织公民行为中的创新、建言等还要涉及对于组织现状或领导权威的挑战,具有一定的风险性,即所谓的"吃力不讨好"。而心理安全感可以消除因为从事组织公民行为所引起的角色混乱而产生的内心冲突和紧张,也可以拂去徘徊在员工心头的从事公民行为可能影响个体在组织中的地位、形象和各种利益的阴影。因此,只有当员工持有较高的可以自由表达自己想法的安全信念时,他们才有可能对组织公民行为抱以积极的态度(Liang,Farh,2008)[146]。相反,当员工感到自己组织公民行为有可能会给自己带来麻烦或造成损失时,担心和顾虑将会导致他们尽可能减少或避免组织公民行为表现。但是如果受到来自组织中的各种公民行为压力(如上司的辱虐管理、同事的逢迎和组织的公民氛围等),这些员工就会感觉不得不乐于承担这些公民活动。因为拒绝这些职外要求就有可能威胁到自己的组织地位、晋升机会和职业发展等(Vigoda-Gadot,2006)[10]。此时的利他行为、尽职行为、运动家精神、谦恭有礼和公民道德等公民行为可能在显性层面得到完全展现,但是公民行为原有的自愿性、利他性等特色在隐性层面会发生极大的变异,形成强制性组织公民行为(Vigoda-Gadot,2007)[9]。可见,心理安全感的高低会显著影响员工的强制性组织公民行为表现。

综合上述分析,本研究认为,上司的辱虐管理是影响员工强制性组织公民行为的一个前因变量,并经员工的心理安全感影响员工的强制性组织公民行为表现。具体来说,作为上司对下属的一种长期的、情绪和心理上的非善意对待(Harvey 等,2007)[149],辱虐管理将降低员工的心理安全感，并经此激发员工的强制性组织公民行为。基于此，提出研究假设2：

假设2：员工的心理安全感在上司辱虐管理与员工强制性组织公民行为之间起中介作用。

这一假设可以分为两个子假设，即：

假设2a：员工的心理安全感在上司辱虐管理与员工指向组织的强制性组织公民行为之间起中介作用。

假设2b：员工的心理安全感在上司辱虐管理与员工指向个体的强制性组织公民行为之间起中介作用。

5.2.3　员工传统性的调节作用

与上述研究假设相比，本研究更加关注员工传统性在上司辱虐管理对员工强制性组织公民行为间接影响（通过员工的心理安全感）中的调节作用。传统性的概念源于杨国枢、余安邦和叶明华（1989）[150]的文章，强调个人对依据儒家五伦思想所定义的等级角色关系的认可程度。Farh等人（1997）[4]将这个概念带入组织管理研究领域，主要关注遵从权威的文化维度，强调个人对依据儒家五伦思想所定义的等级角色关系的认可程度。根据Farh等人（1997）[4]与Hui等人（2004）[151]的研究，传统性与西方学者所研究的文化价值观中的权力距离（Adorno等，1950）[152]具有一定的重合性，主要是指个人对中华民族传统价值观念的认可，例如典型的传统性的表征包括：晚辈对长辈的尊重、妻子对丈夫的依附、下级服从上级的建议与安排等。

中国传统社会强调上下级间的角色关系与义务，认为上下级间的权力是不对等的，上级可以肆意发挥其影响力，而不受角色规范的约束；而下级则应该严格遵守下位者的角色规范，顺从、尊敬及信赖权威。因此，员工在遭受上司的公民压力，哪怕是辱虐管理时，基于个人责任与角色义务,会倾向于接受这种管理压力并服从上司期望的职外活动(Vigoda-Gadot,2006)[10]。但是,在进入20世纪之后,由于受到西方文化与工业化的影响,近代中国社会的现代化,已经相当程度地削弱了中国权威观念的基础(樊景立、郑伯埙,2000)[153]。郑伯埙、樊景立(2001)[154]对台湾和内地企业员工的实证研究也支持了此项观点,两岸员工在人情面子、工具关系、家族主义等文化价值方面保留得较好,但是在权威价值方面则已经弱化。这说明,我们不能再假设,服从权威是所有中国人的共通价值,尤其是对年轻、受高等教育的一代而言。很多研究(例如Farh等,1997[4],2007[142];Hui等,2004[151];Chen,Aryee,2007[16])也表明,员工传统性的差异,是领导行为、员工态度与工作表现关系的调节变量。因此,本研究推想上司辱虐管理对员工强制性组织公民行为的影响路径,在传统性不同的员工中是不同的。

具体来说,由于传统性对员工自我概念的表达具有一定的约束作用(Chen和Aryee,2007)[16],员工的传统性会削弱心理安全感在辱虐管理与员工强制性组织公民行为之间的中介作用。对于那些高传统性的员工来说,上司在权力距离上的主导地位会限制这些员工指向心理安全的自我概念的表达,因为他们更加倾向于服从上司的安排并且将上司的辱虐管理看作正常的管理手段。所以说,上司的辱虐管理更可能直接作用于高传统性员工的强制性组织公民行为,而非通过降低其心理安全感(辱虐管理→强制性组织公民行为)。而对于那些低传统性的员工来说,他们倾向于接受较低的权力距离,往往较难接受上司的辱虐型领导方式。即使迫于组织内的各种管理压力接受了上司或组织的组织公民行为安排,但持续的压力和心理紧张也会通过其自我概念的表达降低心理安全感,进而造成公民行为原有的自愿性、利他性等特色发生变异(Vigoda-Gadot,2007)[9],形成强制性组织公民行为(辱虐管理→心理安全→强制性组织公民行为)。因此,本研究推断员工传统性对于辱虐管

理通过心理安全感影响强制性组织公民行为的中介关系具有显著的调节作用,并基于此提出本研究的研究假设3:

假设3:传统性显著调节辱虐管理通过心理安全感影响员工强制性组织公民行为的中介作用,即对低传统性的员工而言,他们之间的中介作用显著;而对高传统性的员工而言,他们之间的中介作用不显著。

这一假设可以分为两个子假设,即:

假设3a:传统性显著调节辱虐管理通过心理安全感影响员工指向组织的强制性组织公民行为的中介作用,即对低传统性的员工而言,他们之间的中介作用显著;而对高传统性的员工而言,他们之间的中介作用不显著。

假设3b:传统性显著调节辱虐管理通过心理安全感影响员工指向个体的强制性组织公民行为的中介作用,即对低传统性的员工而言,他们之间的中介作用显著;而对高传统性的员工而言,他们之间的中介作用不显著。

5.3　研　究　设　计

5.3.1　问卷设计

本研究主要从个体心理安全认知的视角,探索上司辱虐管理对员工强制性组织公民行为的影响过程。其中涉及辱虐管理、心理安全感、强制性组织公民行为和传统性等变量。

首先,通过对既有文献的回顾以及前文开发的员工强制性组织公民行为问卷,形成本研究调查问卷的各个测量项目。

其次,由于辱虐管理和心理安全感等量表主要来自西方学者在国外的研究,因此本研究首要的工作是在中国背景下对这些量表的测量项目进行一定的修订。参照 Brislin(1980)[155]和陈永霞等(2006)[156]的方法,由4名企业管理专业的研究生将原始量表经过2轮英汉互译之后形成初始量表,之后把原英文、中文译句,以及翻译的英文译句给两名人力资源管理方向的教授,请他们评价修改,并讨论以确定合适的中文译句。从而形成研究问卷的初稿。在此基础上,邀请2名企业人力资源管理人员、1名人力资源管理专业教授和2名人力资源管理专业博士对原始量表中某些有歧义、无意义或模糊的项目进行讨论与修正。

第三,围绕研究内容和研究目的,对问卷做进一步的整体完善,并以此为基础形成本研究所用调查问卷(详见附录H)。

总的来说,本研究的调查问卷主要包含以下几个方面的内容:

(1) 问卷介绍与填写说明

阐明调研内容、调研目的以及问卷的填答方式,传达所获资料的用途(仅用于学术)以及对受访者的隐私进行保护等事项。

(2) 问卷填答者及其所在企业的基本信息

主要获得填答者的性别、年龄、教育背景、工作年限以及所在企业的名称、所在地、企业性质、所属行业等。

(3) 变量测量

由填答者对上司辱虐管理、员工心理安全感、员工传统性、员工指向组织的强制性组织公民行为和员工指向个体的强制性组织公民行为等变量的27个项目进行测量。

5.3.2 变量测量

为避免同源方差(Common Method Bias),本研究选择员工及其同事的配对样本(Dyad)进行实证分析。目标员工填写的《员工问卷》是自我报告其心理安全感、传统性和强制性组织公民行为表现;同事填写的

第5章 中国背景下强制性组织公民行为的形成路径研究

《同事问卷》是对目标员工所遭受的上司辱虐管理情况进行评价。问卷的具体来源如下。

(1) 辱虐管理的测量

根据 Tepper(2000)[61]的观点,辱虐管理是下属感知到的上司持续表现出来的言语或非言语性的敌意行为,但不包括肢体上的接触。在本研究中,采用 Mitchell 和 Ambrose(2007)[157]在 Teppe(2000)[61]的研究基础上开发的 5 个项目(AS1~AS5)的辱虐管理问卷。问卷中每个项目用一个里克特量表 5 点测量,即存在 1~5 点评价刻度,1 表示"从来没有",5 表示"总是如此"。该量表已被广泛地应用在相关文献中,并且在本土样本中具有较高的信度(高日光,2009)[12]。该量表具体的测量项目见表 5-1。

表 5-1 辱虐管理变量的测量项目

序 号	测 量 项 目
AS1	上司用言语嘲笑他
AS2	上司认为他的想法很愚蠢
AS3	上司在别人面前贬低他
AS4	上司在别人面前说他的坏话
AS5	上司不允许他与其他同事互动

(2) 心理安全感的测量

根据 Edmondson(1999)[136]的观点,心理安全感指员工认为即使自己参与了有风险的行动也不会导致自己受到伤害的一种信念。在本研究中,采用的心理安全量表由 May 等人(2004)[145]的 3 项目(PS1~PS3)量表和 Edmondson(1999)[136]的 2 项目(PS4~PS5)量表构成。由于本研究将心理安全视为个体的一种心理感知,所以对原始问卷进行了一定的修改。将其中"团队"替换为"组织","同事"替换为"上司"。问卷中每个项目用一个里克特5点量表测量,即存在1~5点评价刻度,1表示"完全不符合",5表示"完全符合"。该量表已被广泛地应用在相关文献中,并且在本土样本中具有较高的信度(李宁、严进,2007)[158]。该量表具体的测量项目见表5-2。

表5-2 心理安全感变量的测量项目

序 号	测 量 项 目
PS1	我不怕在工作中充分展示自我
PS2	我害怕在工作中表达观点(R)
PS3	组织是一个充满威胁的地方(R)
PS4	如果我在工作中出了差错,上司就会抱怨我(R)
PS5	在这个组织中,允许在工作中有一定的冒险行为

(3) 传统性的测量

根据杨国枢等人(1989)[150]的观点,传统性是指在中国传统文化对人的影响下,个人所具有的认知态度与行为模式。本研究中,采用Farh等人(1997)[4]发展的5个项目(CT1~CT5)的量表来测量传统性。问卷中每个项目用一个里克特5点量表测量,即存在1~5点评价刻度,1表示"完全不符合",5表示"完全符合"。该量表已被广泛地应用在相关文献中,并且在本土样本中具有较高的信度(汪林等,2009[6];吴隆增等,2009[141];Farh等,2007[142])。该量表的测量项目见表5-3。

表5-3 传统性变量的测量项目

序 号	测 量 项 目
CT1	政府的主要官员就像一家之长,市民应该服从他的决策
CT2	避免犯错的最好办法就是听从年长者的建议
CT3	父母的要求即使不合理,子女也应照着去做

续　表

序　号	测　量　项　目
CT4	当人们在争论的时候,由资格最老的人决定谁是对的
CT5	孩子应该尊敬那些尊敬他父母的人

(4) 强制性组织公民行为的测量

本研究将员工的强制性组织公民行为定义为:行为主体因为不得不表现出领导或组织所期望的职外行为而形成的一种带有强制性感受的组织公民行为。本研究中,采用第3章开发的中国背景下强制性组织公民行为的二维结构量表(即,指向组织的强制性组织公民行为和指向个体的强制性组织公民行为)来测量员工的强制性组织公民行为。问卷中每个项目用一个里克特5点量表测量,即存在1~5点评价刻度,1表示"完全不符合",5表示"完全符合"。该量表的测量项目见表5-4。

表5-4　强制性组织公民行为变量的测量项目

序　号	测　量　项　目
CCBO1	即使不情愿,我也不得不努力进行自我学习以提高工作成效
CCBO2	即使不情愿,我也不得不乐于接受新的工作或挑战
CCBO3	即使不情愿,我也不得不在工作上付出更多的努力
CCBO4	即使不情愿,我也不得不义务加班
CCBO5	即使不情愿,我也不得不很早到达公司并马上开始工作
CCBO6	即使不情愿,我也不得不承担工作以外的额外任务和责任
CCBI1	即使不情愿,我也不得不花费时间去帮助那些在工作中遇到困难的同事
CCBI2	即使不情愿,我也不得不调整自己的工作安排去接手那些请假的同事的工作
CCBI3	即使不情愿,我也不得不花费时间去积极配合同事并与之交流沟通

续 表

序 号	测 量 项 目
CCBI4	即使不情愿,我也不得不与同事分享知识、经验或资源
CCBI5	即使不情愿,我也不得不花费时间去帮助新同事以适应工作环境
CCBI6	即使不情愿,我也不得不义务协助上司的工作

(5) 控制变量

本研究将员工的性别、年龄、学历以及工龄作为控制变量,以检验其对员工强制性组织公民行为的影响程度。其中,对性别进行虚拟变量处理,男性为"0",女性为"1";年龄分为4个等级:25岁及以下,26~35,36~45,45岁及以上;学历也分为4个等级:高中及以下,专科,本科,研究生;工龄以年数表示。

5.3.3 数据收集

本研究选择员工—同事的配对样本进行实证分析,目标员工填写《员工问卷》,同事填写《同事问卷》。由于本研究涉及比较敏感的内容,让员工评价其强制性组织公民行为表现,以及让同事评价上司的辱虐管理,要得到有效的配对数据并不容易,本研究在问卷派发的过程中进行了控制,即采取中间人辅助调查的形式,以尽可能地保证数据的质量。所有中间人都是来自上海市某汽车租赁服务有限公司,调查对象主要来自该企业的四家分公司及其企业客户,这些企业涉及制造业、服务业、信息业、零售业等多个行业,主要分布在上海、杭州和苏州等城市。

正式调查前,本研究对中间人进行了培训,主要告知一些注意事项:

(1) 在参与者填答问卷前,中间人要告知参与者以下内容:严格遵守保密原则,问卷采用不记名的形式,参与者所填答的数据仅用于研究,不对外公开或用于商业目的。

(2) 在调查过程中,一定要确保目标员工及其同事在不同场合的双盲填答。

(3) 在填答完成后,务必现场收回问卷并在问卷首页的右上角进行数字编号,具有配对关系的《员工问卷》和《同事问卷》的数字编号应该相同,并装订在一起,以确保配对无误。

为了保证员工数据和同事数据的真实匹配,本研究采用一对一配对的形式,即调查对象中一名同事仅与一名目标员工配对。在每个样本企业人力资源管理者的帮助下,中间人随机选择 50 名员工以及与目标员工相配对的 50 名同事,而且配对的两名参与者一定是同事关系。本次调研共发放 561 份配对问卷(561 份员工问卷和 561 份同事问卷),剔除无效问卷后,有效配对数据为 434 对,有效回收率为 77%,配对样本的人口学情况详见表 5-5。其中,对员工样本来说,男性占 60.60%,年龄在 45 岁及以下的员工占 84.79%,39.86% 的员工具有本科学历,员工工龄的均值为 2.41 年(标准差 SD 为 0.78 年);对同事样本来说,男性占 68.66%,年龄在 45 岁及以下的员工占 86.64%,35.48% 的员工具有本科学历,员工工龄的均值为 3.78 年(标准差 SD 为 1.69 年)。

表 5-5 配对样本的人口统计学描述

变量	样本特征	员工样本($N=434$)		同事样本($N=434$)	
		人 数	百分比	人 数	百分比
性 别	男	263	60.60%	298	68.66%
	女	171	39.40%	136	31.34%
	总 数	434	100%	434	100%
年 龄	25 岁及以下	25	5.76%	21	4.84%
	26~35 岁	209	48.16%	124	28.57%
	36~45 岁	134	30.87%	231	53.23%

续 表

变量	样本特征	员工样本($N = 434$)		同事样本($N = 434$)	
		人数	百分比	人数	百分比
年龄	45岁以上	66	15.21%	58	13.36%
	总 数	434	100%	434	100%
教育背景	高中及以下	80	18.43%	145	33.41%
	专 科	96	22.12%	64	14.75%
	本 科	173	39.86%	154	35.48%
	研究生	85	19.59%	71	16.36%
	总 数	434	100%	434	100%

5.3.4 数据分析

本研究的统计分析由 SPSS 19.0 和 AMOS 18.0 完成,所用方法包括:描述性统计法、CITC 检验、信度分析、验证性因子分析、相关分析、层次线性回归分析(Hierarchy Linear Regression)、Sobel 检验、拔靴法和条件性间接效应检验(conditional indirect effect)等。

第一,描述性统计分析主要对所有样本的性别、年龄、教育背景、工龄等基本情况进行频次统计分析。

第二,采用 CICT 检验和信度分析对问卷的测量项目进行纯化。CITC 值是指在同一个变量维度下,每一个测量项目与其他所有项目的加总和的相关系数。一般来说,当 CICT 值小于 0.3 时,这一测量问项就必须被删除。同时用 Cronbach α 信度系数检验问卷的内部一致性,一般要求达到 0.7,并且在测量条目纯化前后,都需要计算 α 值,如果删除某项测量条目使得 α 系数增大,则表示可以删除该条目。

第三,采用验证性因子分析考察本研究中所用变量的区分效度。

第四,采用相关分析对研究变量进行相关关系的分析,计算有关的统计指标，以判断变量之间相互关系的密切程度。

第五，采用层次线性回归方法分析员工心理安全感对于上司辱虐管理与员工强制性组织公民行为之间关系的中介作用，并通过 Sobel 检验和拔靴法进一步验证该中介模型的显著性。

第六，基于 Preacher 等(2007)[20]建议的"被调节的中介效应模型"的检验框架进行 SPSS 编程，通过 SPSS 运算结果分析员工传统性对于辱虐管理通过心理安全感影响强制性组织公民行为的中介关系的调节效应。并进一步根据 Z 统计值和拔靴法进行"条件性间接效应"的显著性检验，以验证本研究中所构建的"被调节的中介效应模型"的显著性。

5.4 研 究 结 果

5.4.1 CITC 检验与信度分析

1. 辱虐管理量表的 CITC 检验与信度分析

表 5-6 是辱虐管理量表的 CITC 检验与信度分析结果，由表 5-6 可知，辱虐管理量表的 α 系数为 0.93，满足标准，表明各测量项目具有较高的内部一致性。各项目的 CITC 值分别为：AS1＝0.85，AS2＝0.83，

表 5-6 辱虐管理量表的 CITC 检验与信度分析

测量项目	CITC-1	CITC-2	删除该条目后的 α 系数	α 系数
AS1	0.85		0.91	
AS2	0.83		0.91	
AS3	0.78		0.92	α-1＝0.93 α-2＝/
AS4	0.82		0.91	
AS5	0.81		0.92	

AS3=0.78,AS4=0.82,AS5=0.81,均符合标准。因此,该量表符合研究的要求。

2. 心理安全感量表的 CITC 检验与信度分析

表 5-7 是心理安全感量表的 CITC 检验与信度分析结果,由表 5-7 可知,心理安全感量表的 α 系数为 0.94,满足标准,表明各测量项目具有较高的内部一致性。各项目的 CITC 值分别为:PS1 = 0.88,PS2 = 0.85,PS3 = 0.82,PS4 = 0.80,PS5 = 0.87,均符合标准。因此,该量表符合研究的要求。

表 5-7 心理安全感量表的 CITC 检验与信度分析

测量项目	CITC-1	CITC-2	删除该条目后的 α 系数	α 系数
PS1	0.88		0.92	$\alpha-1=0.94$ $\alpha-2=/$
PS2	0.85		0.93	
PS3	0.82		0.93	
PS4	0.80		0.93	
PS5	0.87		0.92	

3. 传统性量表的 CITC 检验与信度分析

表 5-8 是员工传统性量表的 CITC 检验与信度分析结果,由表 5-8

表 5-8 传统性量表的 CITC 检验与信度分析

测量项目	CITC-1	CITC-2	删除该条目后的 α 系数	α 系数
CT1	0.71		0.90	$\alpha-1=0.91$ $\alpha-2=/$
CT2	0.77		0.89	
CT3	0.79		0.88	
CT4	0.81		0.88	
CT5	0.77		0.89	

第5章　中国背景下强制性组织公民行为的形成路径研究

可知,传统性量表的 α 系数为 0.91,满足标准,表明各测量项目具有较高的内部一致性。各项目的 CITC 值分别为:CT1=0.71,CT2=0.77,CT3=0.79,CT4=0.81,CT5=0.77,均符合标准。因此,该量表符合研究的要求。

4. 强制性组织公民行为量表的 CITC 检验与信度分析

（1）指向组织的强制性组织公民行为

表 5-9 是员工指向组织的强制性组织公民行为量表的 CITC 检验与信度分析结果,由表 5-9 可知,指向组织的强制性组织公民行为量表的 α 系数为 0.94,满足标准,表明各测量项目具有较高的内部一致性。各项目的 CITC 值分别为:CCBO1=0.82,CCBO2=0.88,CCBO3=0.84,CCBO4=0.80,CCBO5=0.80,CCBO6=0.76,均符合标准。因此,该量表符合研究的要求。

表 5-9　CCBO 维度的 CITC 检验与信度分析

测量项目	CITC-1	CITC-2	删除该条目后的 α 系数	α 系数
CCBO1	0.82		0.93	
CCBO2	0.88		0.92	
CCBO3	0.84		0.93	$\alpha-1=0.94$
CCBO4	0.80		0.93	$\alpha-2=/$
CCBO5	0.80		0.93	
CCBO6	0.76		0.93	

（2）指向个体的强制性组织公民行为

表 5-10 是员工指向个体的强制性组织公民行为量表的 CITC 检验与信度分析结果,由表 5-10 可知,指向个体的强制性组织公民行为量表的 α 系数为 0.95,满足标准,表明各测量项目具有较高的内部一致性。各项目的 CITC 值分别为:CCBI1=0.85,CCBI2=0.79,CCBI3=

0.87，CCBI4＝0.80，CCBI5＝0.85，CCBI6＝0.89，均符合标准。因此，该量表符合研究的要求。

表 5-10　CCBI 维度的 CITC 检验与信度分析

测量项目	CITC-1	CITC-2	删除该条目后的 α 系数	α 系数
CCBI1	0.85		0.94	α－1＝0.95 α－2＝／
CCBI2	0.79		0.94	
CCBI3	0.87		0.94	
CCBI4	0.80		0.94	
CCBI5	0.85		0.94	
CCBI6	0.89		0.93	

5.4.2　验证性因子分析

为了避免出现变量之间的区分效度较低而影响后续研究结果的问题，本研究基于 Kelloway(1998)[159]和 Wang 等(2005)[46]人的方法，采用 AMOS 18.0 进行验证性因子分析，并选择 χ^2/df 检验、RMSEA(近似误差均方根)、NFI(标准拟合指数)、TLI(非范拟合指数)和 CFI(比较拟合指数)等指标进行数据拟合的验证(Vandenberg 和 Lance，2000)[118]。这种方法可以避免结构模型中的潜变量仅有一个显示条目所导致的模型不能识别的问题，并被广泛应用在后续的学术研究中(陈永霞等，2006[156]；汪林等，2009[6])。

首先，本研究将只有一个因子的变量随机分成 3 个部分。这样，辱虐管理的 5 个项目被随机地分成 3 个部分，心理安全感的 5 个项目被随机地分成 3 个部分，传统性的 5 个项目也被随机地分成 3 个部分。然后，将辱虐管理、心理安全感、传统性以及强制性组织公民行为的各因子作为显示条目(indicators)进行验证性因子分析。结果显示，5 因子模型比其他嵌套模型的拟合效果都要好，参见表 5-11。这说明，本研究 5 个

第5章 中国背景下强制性组织公民行为的形成路径研究

表5-11 概念区分效度的验证性因子分析结果

模型	所含因子	χ^2	df	χ^2/df	$\Delta\chi^2\ (\Delta df)$	RMSEA	CFI	TLI	NFI
模型1	5个因子：AS; PS; CT; CCBO; CCBI	103.142	80	1.289	—	0.026	0.996	0.995	0.983
模型2	4个因子：AS; PS; CT; CCBO+CCBI	926.346	84	11.028	823.204**(4)	0.152	0.857	0.821	0.846
模型3	4个因子：AS+PS; CT; CCBO; CCBI	1 271.801	84	15.140	1 168.659**(4)	0.181	0.799	0.748	0.788
模型4	4个因子：AS; PS+CT; CCBO; CCBI	791.082	84	9.418	687.940**(4)	0.139	0.880	0.850	0.868
模型5	3个因子：AS+PS+CT; CCBO; CCBI	2 058.336	87	23.659	1 955.194**(7)	0.229	0.666	0.697	0.657
模型6	3个因子：AS; PS; CT+CCBO+CCBI	1 858.603	87	21.363	1 755.461**(7)	0.217	0.700	0.638	0.690
模型7	3个因子：AS; PS+CT; CCBO+CCBI	1613.719	87	18.548	1 510.577**(7)	0.201	0.741	0.688	0.731
模型8	2个因子：AS+PS+CT; CCBO+CCBI	3 112.291	89	34.970	3 009.149**(9)	0.280	0.487	0.395	0.482
模型9	1个因子：AS+PS+CT+CCBO+CCBI	3 886.129	90	43.179	3 782.987**(10)	0.312	0.356	0.249	0.353

注：$N=434$。
AS表示等级管理；PS表示心理安全感；CT表示传统性；CCBO表示指向组织的强制性组织公民行为；CCBI表示指向个体的强制性组织公民行为。+表示两个因子合并为一个因子。
模型2~9的$\Delta\chi^2\ (\Delta df)$值为模型2~9与模型1之间的卡方和自由度变化值。
**代表$p<0.01$，*代表$p<0.05$。

变量之间具备良好的区分效度,所有5个变量都可以被包含在后续的实证研究之中。

5.4.3 相关分析

表5-12具体列出了各变量的均值(Mean)、标准差(SD)和相关系数(Correlation)。从中可见,辱虐管理与心理安全感($r = -0.20, p < 0.01$)、指向组织的强制性组织公民行为($r = 0.14, p < 0.01$)以及指向个体的强制性组织公民行为($r = 0.13, p < 0.01$)的相关关系均显著;心理安全感与指向组织的强制性组织公民行为($r = -0.34, p < 0.01$)以及指向个体的强制性组织公民行为($r = -0.36, p < 0.01$)的相关关系亦显著。这为本研究进一步论证研究假设提供了一定依据,也表明,变量之间的同步变化具有统计学意义,可以进一步进行相关分析以检验变量之间的因果关系。

表5-12 各变量的平均值、标准差和相关系数矩阵

变量	M	SD	1	2	3	4	5	6	7	8
性别	0.61	0.49								
年龄	2.56	0.82	0.51**							
学历	2.61	1.00	0.17**	0.47**						
工龄	2.41	0.78	0.04	0.06	0.27**					
AS	3.88	0.79	0.02	0.04	−0.01	−0.02				
PS	2.07	0.71	0.00	−0.02	−0.01	−0.03	−0.20**			
CT	2.02	0.54	−0.03	−0.05	0.01	0.09	−0.30**	0.46**		
CCBO	3.82	0.87	−0.02	0.05	0.08	0.07	0.14**	−0.34**	−0.18**	
CCBI	3.82	0.71	0.01	0.03	0.11*	0.13**	0.13**	−0.36**	−0.21**	0.55**

注:$N = 434$。
Spearman's Correlation Significant,** 代表 $p < 0.01$,* 代表 $p < 0.05$。
AS 表示辱虐管理;PS 表示心理安全感;CT 表示传统性;CCBO 表示指向组织的强制性组织公民行为;CCBI 表示指向个体的强制性组织公民行为。

5.4.4 假设验证

(1) 假设一(直接效应)的检验

假设1提出辱虐管理对员工的强制性组织公民行为具有显著的正向影响,表 5-13 中的层次线性回归分析结果支持了这一假设。由表 5-13 可知,在控制了员工的年龄、性别、教育程度、工龄等变量之后,辱虐管理与员工指向组织的强制性组织公民行为 CCBO($\beta = 0.14, p < 0.01$)和指向个体的强制性组织公民行为 CCBI($\beta = 0.14, p < 0.01$)均显著正相关。本研究的假设 1a 和 1b 均得到数据支持。

表 5-13 PS 对 AS 与 CCB 之间关系中介作用的回归分析结果

	CCBO 为因变量					CCBI 为因变量				
	β	R^2	ΔR^2	F	dfs	β	R^2	ΔR^2	F	dfs
Step 1		0.03	0.03*	2.73*	5 428		0.04	0.04**	3.84**	5 428
性别	−0.06					−0.01				
年龄	0.05					−0.03				
学历	0.06					0.10				
工龄	0.06					0.11				
AS	0.14**					0.14**				
Step 2		0.13	0.10**	10.39**	6 427		0.16	0.11**	13.21**	6 427
性别	−0.05					0.01				
年龄	0.04					−0.04				
学历	0.06					0.10				
工龄	0.04					0.10				
AS	0.07					0.07				
PS	−0.32**					−0.34**				

注:$N = 434$。
** 代表 $p < 0.01$,* 代表 $p < 0.05$。
β = 标准性回归系数;dfs = 自由度。
AS 表示辱虐管理;PS 表示心理安全感;CT 表示传统性;CCBO 表示指向组织的强制性组织公民行为;CCBI 表示指向个体的强制性组织公民行为。

(2) 假设二(中介效应)的检验

假设 2 要检验的是,心理安全感在辱虐管理员工强制性组织公民行为的关系中起中介作用。按照 Baron 和 Kenny(1986)[160]所建议的方法,心理安全感在辱虐管理员工强制性组织公民行为的关系中起完全中介作用必须满足 4 个条件:① 自变量(辱虐管理)与中介变量(心理安全感)必须显著相关;② 自变量(辱虐管理)与因变量(强制性组织公民行为)必须显著相关;③ 中介变量(心理安全感)与因变量(强制性组织公民行为)必须显著相关;④ 如心理安全感进入辱虐管理和强制性组织公民行为的关系分析中,辱虐管理和强制性组织公民行为的关系消失。如果当心理安全感进入辱虐管理和强制性组织公民行为的关系分析中,辱虐管理和强制性组织公民行为的关系依然显著相关,但关系显著地减弱,则说明心理安全感在辱虐管理和强制性组织公民行为的关系中起部分中介作用。

由表 5-13 和表 5-14 中的层次线性回归分析结果可知,辱虐管理与心理安全感显著负相关($\beta = -0.20, p < 0.01$),条件 1 得到满足;辱虐管理与员工指向组织的强制性组织公民行为 CCBO($\beta = 0.14, p < 0.01$)和指向个体的强制性组织公民行为 CCBI($\beta = 0.14, p < 0.01$)均显著正相关,条件 2 得到满足;心理安全感与员工指向组织的强制性组织公民行为($\beta = -0.32, p < 0.01$)和指向个体的强制性组织公民行为($\beta = -0.34, p < 0.01$)均显著负相关,条件 3 也得到满足。同时,在加入中介变量(心理安全感)后,辱虐管理对员工指向组织的强制性组织公民行为($\beta = 0.07, ns$)和指向个体的强制性组织公民行为($\beta = 0.07, ns$)的影响系数均变为不显著。因此,心理安全感在辱虐管理与员工指向组织的强制性组织公民行为和指向个体的强制性组织公民行为 CCBI 之间均起着完全中介的作用,假设 2a 和 2b 均得到数据的完全支持。

第 5 章　中国背景下强制性组织公民行为的形成路径研究

表 5-14　CT 对 AS 与 PS 之间关系调节作用的回归分析结果

	PS 为因变量				
	β	R^2	ΔR^2	F	dfs
Step 1		0.04	0.04**	3.74**	5 428
性别	0.02				
年龄	-0.01				
学历	0.00				
工龄	-0.04				
AS	-0.20**				
Step 2		0.25	0.21**	20.36**	7 426
性别	0.04				
年龄	-0.02				
学历	-0.01				
工龄	-0.07				
AS	-0.05				
CT	0.48**				
AS×CT	0.16*				

注：$N = 434$。
　　** 代表 $p < 0.01$，* 代表 $p < 0.05$。
　　$\beta =$ 标准性回归系数；$dfs =$ 自由度。
　　AS 表示辱虐管理；PS 表示心理安全感；CT 表示传统性；CCBO 表示指向组织的强制性组织公民行为；CCBI 表示指向个体的强制性组织公民行为。

为进一步检验中介模型的显著性，本研究按照 Preacher 和 Hayes (2004)[161]对于间接效应的检验方法，对本研究中的中介模型进行 Sobel 检验和拔靴法估计，相关结果见表 5-15。由表 5-15 可知，Sobel 检验的结果验证了心理安全感在辱虐管理与员工指向组织的强制性组织公民行为(Effect size $= 0.07$，Sobel $Z = 3.60, p < 0.01$)和

指向个体的强制性组织公民行为(Effect size = 0.06, Sobel Z = 3.69, $p<0.01$)之间关系的中介作用。拔靴法估计的结果也支持了这一结论,辱虐管理对员工指向组织的强制性组织公民行为的间接效应在95%置信水平下的置信区间为(0.03<—>0.12),辱虐管理对员工指向个体的强制性组织公民行为CCBI的间接效应在95%置信水平下的置信区间为(0.03<—>0.11),均不包含0。综合以上,假设2得到了完全支持。

表5-15　PS对AS与CCB之间关系中介作用的检验结果

因变量	检验项目	Effect size	SE	z	p	dfs	LL 95% CI	UL 95% CI
CCBO	Sobel检验结果	0.07	0.02	3.60	0.00	2 431	0.03	0.11
	Bootstrap结果	0.07	0.02	3.56	0.00	2 431	0.03	0.12
CCBI	Sobel检验结果	0.06	0.02	3.69	0.00	2 431	0.03	0.10
	Bootstrap结果	0.06	0.02	3.67	0.00	2 431	0.03	0.11

注:N = 434;拔靴样本(Bootstrap sample size)= 5 000。
AS表示辱虐管理;PS表示心理安全感;CT表示传统性;CCBO表示指向组织的强制性组织公民行为;CCBI表示指向个体的强制性组织公民行为。
SE = 标准误差;dfs = 自由度。
LL = 下限值;CI = 置信区间;UL = 上限值。
CI值为修正偏差(bias corrected)后的置信区间。

(3) 假设三(被调节的中介效应)的检验

假设3要检验的是,员工传统性对于辱虐管理通过心理安全感影响强制性组织公民行为的中介关系的调节效应。由于需要验证调节变量与自变量的交互作用,为减小回归方程中变量间的多重共线性,本研究在分析之前对所有变量进行了中心化处理(Aiken,West,1991)[162]。

按照Muller等(2005)[163]和Preacher等(2007)[20]建议的方法,"被调节的中介效应"必须满足4个条件:① 自变量(辱虐管理)与因变量(强制性组织公民行为)必须显著相关;② 调节变量(传统性)对自变量(辱虐管理)与中介变量(心理安全感)之间关系的调节作用显著;③ 中介变量(心理安全感)与因变量(强制性组织公民行为)必须显著相关;④ 在不同的传统性水平之下,辱虐管理通过心理安全感影响员工强制性组织公民行为的"条件性间接效应"显著不同。

假设 1 和假设 2 的结果表明:辱虐管理与员工指向组织的强制性组织公民行为($\beta=0.14, p<0.01$)和指向个体的强制性组织公民行为($\beta=0.14, p<0.01$)均显著正相关,条件 1 得到满足;心理安全感与员工指向组织的强制性组织公民行为($\beta=-0.32, p<0.01$)和指向个体的强制性组织公民行为($\beta=-0.34, p<0.01$)均显著负相关,条件 3 也得到满足(表 5-13)。为了验证条件 2,本研究分析了传统性对辱虐管理与心理安全感之间关系的调节作用(表5-14)。正如本研究所推断的,传统性对辱虐管理与心理安全感之间关系的调节作用是显著的($\beta=0.16, p<0.05$)。这表明员工的传统性越高,辱虐管理对心理安全感的负向影响程度会越小,支持了条件 2。

图 5-2 表明了这种交互作用的影响模式,本研究根据员工传统性的均值加减一个标准差将员工样本分为高低 2 组,描绘不同传统性的员工在辱虐管理下对心理安全感的差别:对于低传统性的员工来说,辱虐管

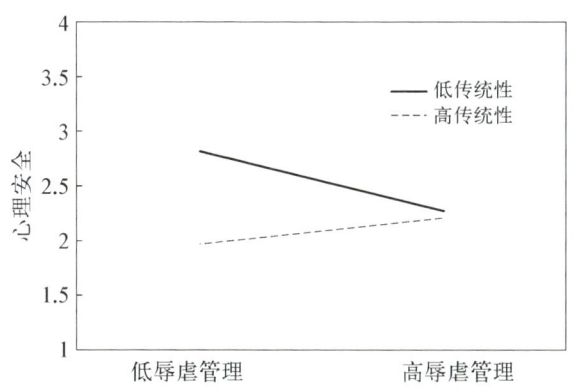

图 5-2 传统性调节辱虐管理与心理安全感关系的示意图

理与心理安全感之间是显著的负相关关系($\beta = -0.26, p < 0.01$);而对于高传统性的员工而言,辱虐管理与心理安全感之间无显著关系($\beta = 0.12, ns$)。

为进一步验证本研究的"被调节的中介效应"模型,本研究采用 Preacher 等(2007)[20]人对于"条件性间接效应"的检验方法,通过计算 Z 统计值来检验条件 4。根据 Preacher 等(2007)[20]人提供的 SPSS 语法框架,本研究构建了如下 4 个 SPSS 运算方程,以分别进行辱虐管理对员工 CCBO 和 CCBI 的"条件性间接效应"的检验(具体的运算结果见附录 H)。

$$\begin{aligned}\text{MODMED VARS} &= \text{CCBO PS AS CT/DV} = \text{CCBO/MED} \\ &= \text{PS/DVMODEL} = \text{PS/MMODEL} \\ &= \text{AS CT.} \end{aligned} \quad (5-1)$$

$$\begin{aligned}\text{MODMED VARS} &= \text{CCBI PS AS CT/DV} = \text{CCBI/MED} \\ &= \text{PS/DVMODEL} = \text{PS/MMODEL} \\ &= \text{AS CT.} \end{aligned} \quad (5-2)$$

$$\begin{aligned}\text{MODMED VARS} &= \text{CCBO PS AS CT/DV} = \text{CCBO/MED} \\ &= \text{PS/DVMODEL} = \text{PS/MMODEL} \\ &= \text{AS CT /MMODV} = \times \times \text{ /BOOT} \\ &= 5\,000. \end{aligned} \quad (5-3)$$

$$\begin{aligned}\text{MODMED VARS} &= \text{CCBI PS AS CT/DV} = \text{CCBI/MED} \\ &= \text{PS/DVMODEL} = \text{PS/MMODEL} \\ &= \text{AS CT /MMODV} = \times \times \text{ /BOOT} \\ &= 5\,000. \end{aligned} \quad (5-4)$$

其中,AS 代表辱虐管理;PS 代表心理安全感;CT 代表传统性;

第5章 中国背景下强制性组织公民行为的形成路径研究

CCBO 代表指向组织的强制性组织公民行为；CCBI 代表指向个体的强制性组织公民行为；××代表员工传统性的某一特定值。

具体地，本研究根据员工传统性的均值以及均值加减一个标准差将员工样本分为高中低3组，描绘不同传统性的员工在辱虐管理下对强制性组织公民行为的"条件性间接效应"的差别（表5-16、表5-17）。

表5-16 不同 CT 的员工在 AS 下对 CCB 的"条件性间接效应"的检验结果

因变量	调节变量	水 平	Conditional indirect effect	SE	z	p
CCBO	CT	低(M−1 SD)	0.063 3	0.021 5	2.941 6	0.003 3
		中(2.018 4)	0.015 2	0.015 1	1.011 8	0.311 6
		高(M+1 SD)	−0.032 8	0.021 9	−1.497 9	0.134 2
CCBI	CT	低(M−1 SD)	0.062 4	0.020 1	3.097 8	0.001 9
		中(2.018 4)	0.015 0	0.014 7	1.022 4	0.306 6
		高(M+1 SD)	−0.032 3	0.021 2	−1.523 3	0.127 7

注：$N = 434$。
SE = 标准误差；Conditional indirect effect = 条件性间接效应值。
AS 表示辱虐管理；PS 表示心理安全感；CT 表示传统性；CCBO 表示指向组织的强制性组织公民行为；CCBI 表示指向个体的强制性组织公民行为。

表5-17 不同 CT 的员工在 AS 下对 CCB 的"条件性间接效应"的 Bootstrap 结果

因变量	水 平	特定值	Effect size	Bootstrap SE	Bootstrap z	Bootstrap p	LL 95% CI	UL 95% CI
CCBO	低 CT (M−1 SD)	1.480 7	0.063 3	0.021 5	2.941 6	0.003 3	0.023 3	0.123 2
	中 CT (2.02)	2.018 4	0.015 2	0.015 1	1.012 0	0.311 5	−0.022 1	0.056 8
	高 CT (M+1 SD)	2.556 2	−0.032 8	0.021 9	−1.498 0	0.134 1	−0.099 3	0.017 8

续 表

因变量	水 平	特定值	Effect size	Bootstrap SE	Bootstrap z	Bootstrap p	LL 95% CI	UL 95% CI
CCBI	低 CT (M−1 SD)	1.480 7	0.062 4	0.020 1	3.097 7	0.002 0	0.019 0	0.131 8
	中 CT (2.02)	2.018 4	0.015 0	0.014 7	1.022 6	0.306 5	−0.021 8	0.059 8
	高 CT (M+1 SD)	2.556 2	−0.032 3	0.021 2	−1.523 3	0.127 7	−0.093 8	0.020 2

注：$N=434$。M = 均值；SD = 标准差。SE = 标准误差；Effect size = 效应值。
AS 表示辱虐管理；PS 表示心理安全感；CT 表示传统性；CCBO 表示指向组织的强制性组织公民行为；CCBI 表示指向个体的强制性组织公民行为。
拔靴样本(Bootstrap sample size) = 5 000。
LL = 下限值；CI = 置信区间；UL = 上限值。
CI 值是修正偏差(bias corrected)后的置信区间。

从表 5-16 可知，对于低传统性的员工来说，辱虐管理对员工指向组织的强制性组织公民行为的"条件性间接效应"显著(Conditional indirect effect = 0.063 3, SE = 0.021 5, Z = 2.941 6, p < 0.01)，表 5-17 中"拔靴法估计"的结果也支持了这一结论(Effect size = 0.063 3, Bootstrap p = 0.003 3，在 95% 置信水平下的置信区间为(0.023 3 <—> 0.123 2)不包含 0)；而对于高传统性的员工来说，辱虐管理对员工指向组织的强制性组织公民行为的"条件性间接效应"不显著(Conditional indirect effect = −0.032 8, SE = 0.021 9, Z = −1.497 9, ns)，表 5-17 中"拔靴法估计"的结果也支持了这一结论(Effect size = −0.022 8, Bootstrap p = 0.134 1，在 95% 置信水平下的置信区间为(−0.099 3 <—> 0.017 8)包含 0)。

表 5-16 还表明，对于低传统性的员工来说，辱虐管理对员工指向个体的强制性组织公民行为的"条件性间接效应"显著(Conditional indirect effect = 0.062 4, SE = 0.020 1, Z = 3.097 8, p < 0.01)，表 5-17 中"拔靴法估计"的结果也支持了这一结论(Effect size = 0.062 4,

第5章 中国背景下强制性组织公民行为的形成路径研究

Bootstrap $p = 0.0020$,在95%置信水平下的置信区间为($0.0190 <$—$>$ 0.1318)不包含0);而对于高传统性的员工来说,辱虐管理对员工指向个体的强制性组织公民行为CCBI的"条件性间接效应"不显著(Conditional indirect effect $= -0.0323$, $SE = 0.0212$, $Z = -1.5233$, ns),表5-17中"拔靴法估计"的结果也支持了这一结论(Effect size $= -0.0323$, Bootstrap $p = 0.1277$,在95%置信水平下的置信区间为($-0.0938 <$—> 0.0202)包含0)。

综上所述,假设3得到数据支持。

5.5 验 证 结 果

综合以上的分析验证,结果如表5-18所示:

表5-18 本部分的研究假设验证结果

研究假设	假 设 内 容	验证结果
假设1	假设1a:辱虐管理对员工指向组织的强制性组织公民行为具有显著的正向影响	支持
	假设1b:辱虐管理对员工指向个体的强制性组织公民行为具有显著的正向影响	支持
假设2	假设2a:员工的心理安全感在上司辱虐管理与员工指向组织的强制性组织公民行为之间起中介作用	完全支持
	假设2b:员工的心理安全感在上司辱虐管理与员工指向个体的强制性组织公民行为之间起中介作用	完全支持
假设3	假设3a:传统性显著调节辱虐管理通过心理安全感影响员工指向组织的强制性组织公民行为的中介作用,即对低传统性的员工而言,他们之间的中介作用显著;而对高传统性的员工而言,他们之间的中介作用不显著	支持
	假设3a:传统性显著调节辱虐管理通过心理安全感影响员工指向个体的强制性组织公民行为的中介作用,即对低传统性的员工而言,他们之间的中介作用显著;而对高传统性的员工而言,他们之间的中介作用不显著	支持

5.6 本章小结

本章通过实证分析的方法研究了中国背景下强制性组织公民行为的形成路径。

首先,在第 4 章得到员工强制性组织公民行为影响因素体系及其形成路径全模型的基础上,从个体心理安全认知的视角,构建了上司辱虐管理对员工强制性组织公民行为影响的理论模型。

其次,基于理论模型分析提出研究假设,形成研究的假设树。

在此基础上,结合实际调研结果通过描述性统计法、信度分析、验证性因子分析、相关分析、层次线性回归分析、Sobel 检验和条件性间接效应检验等方法对研究假设进行了实证验证。

第6章
中国背景下强制性组织公民行为的结果研究*

6.1 研究思路

与强制性组织公民行为的动因研究相类似,学者们对其影响机制的研究也是刚刚起步,而且相关研究主要聚焦于西方组织情境中。在中国文化背景下,"小不忍则乱大谋""忍所私以行大义"等俗语都是人们用来提醒自己为人处世的原则,所以,我国员工对领导或组织公民压力的容忍程度远高于西方员工(Hofstede,1980)[17],这也可能导致强制性组织公民行为在中国组织中更加显著。因此,由于中西方文化的差异,中国背景下的强制性组织公民行为的后果及其影响机制也可能会显示出有

---

* 本部分已发表在以下论文中:

[1] 彭正龙,赵红丹.组织公民行为真的就对组织有利吗?——中国情境下的强制性公民行为研究[J].南开管理评论,2011,14(1):17-27.(新华文摘2011年第13期"论点摘编"栏目转载)

[2] Peng Z L & Zhao H D. Does organization citizenship behavior really benefit the organization? Study on the compulsory citizenship behavior in China [J]. Nankai Business Review International,2012,3(1):75-92.(ABI 收录期刊,Corresponding Author)

[3] Zhao H D, Peng Z L, Chen H K. Compulsory citizenship behavior and organizational citizenship behavior: The role of organizational identification and perceived interactional justice[J]. The Journal of Psychology,2014,148(2):177-196.

别于西方的特征。由此可见,还有待在中国背景下进一步研究中国员工强制性组织公民行为的影响机制。

(1) 个体层次:强制性组织公民行为对组织公民行为的影响分析

在个体层次的强制性组织公民行为影响效果的研究中,本研究选择组织公民行为作为员工行为态度的代表变量。这主要是因为:其一,组织公民行为是促进组织有效运行和提高组织绩效的重要保证(Farh 等,2004)[34];其二,由于组织公民行为与强制性组织公民行为的特殊联系,研究两者之间的关系有助于清晰界定强制性组织公民行为的概念,以及加深对其内涵的理解(Vigoda-Gadot,2006)[10]。此外,尽管大量研究指出强制性组织公民行为与组织公民行为之间可能存在某种紧密的关系(Vigoda-Gadot,2007[9];Tepper 等,2004[55];Bolino 等,2004[57];Hui 等,2000[41]),但是相关研究却得出了不一致的结论。例如:Vigoda-Gadot(2006)[10]认为两者是负相关关系;Vigoda-Gadot,2007[9]的实证研究发现强制性组织公民行为会显著降低群体公民行为但与个体公民行为的相关性不显著;Peng 和 Zhao(2012)[110]的研究结果表明强制性组织公民行为与组织公民行为显著负相关;而 Bolino 等(2004)[57]则认为那些伴随强制性组织公民行为的"公民压力"反倒会让员工具有挑战压力的心态,进而从事更多的组织公民行为。由此可见,强制性组织公民行为是否对组织公民行为有害,还有待进一步研究。而且相关结论的不一致也暗示着某种作用机制的存在。然而,现有研究主要集中在强制性组织公民行为与组织公民行为相互关系的探讨上,缺乏对两者之间作用机制的研究。

一般来说,人的行为态度是由其思想或心理认知支配的(Robbins 和 Coulter,2004)[164],对于员工心理认知的关注,能够为"强制性组织公民行为对组织公民行为的作用过程"提供另一种思考的方向。本书将强制性组织公民行为对组织公民行为的作用看作一种自我概念认知过程,即强制性组织公民行为通过影响员工的自我概念,包括自我效能(Self-efficacy)、自尊(Self-esteem & Self-worth)、个人对领导或组织认同(Person Identity with Leader or Organization)和社会认同等,从而降低员工的组织公民行为(Shamir,House 和 Arthur,1993)[165]。组织认同是指个体根据某一特定的组织成员身份对自我进行定义的一种状态,或是一种归属于组织的知觉(Ashforth 和 Mael,1989)[99],反映了自我概念的个人对领导或组织认同和社会认同部分。因此本研究选择组织认同作为中介变量,探讨其在强制性组织公民行为与组织公民行为关系中的中介作用。此外,在中国情境中研究强制性组织公民行为对组织公民行为的影响机制,还不应忽视互动公平(Interactional Justice)等这种体现领导或组织与员工开展良性互动的"人治"方式变量的影响。这是因为,强制性组织公民行为对组织公民行为的影响还可能会受到组织代理人(一般是组织的领导)的行为方式的调节作用(Vigoda-Gadot,2007)[9]。中国背景下的组织是更具人格化的组织,体现领导与员工之间人际关系的互动公平变量能够更好地预测中国组织中的各种行为绩效(何轩,2009)[166]。很多研究也证实了领导对员工是否采用公正的对待方式,会在员工对组织或领导的认知与其行为表现的关系中起到调节作用(Bies,Moag,1986)[167]。所以本研究还选择互动公平作为个体层次理论模型中的调节变量进行研究。

(2) 团队层次:强制性组织公民行为对团队绩效的影响分析

根据多层次理论(Multi-level Theory)[169],组织包含多个子系统,而且这些子系统可能彼此镶嵌,一个层次的现象会受到其他层次的因素的影响。如果研究者忽视强制性组织公民行为在不同层次上的结构,既会削弱理论的解释力,又会降低研究结果的外部效度。而且单独的一个个体表现出强制性组织公民行为对团队或组织的作用可能是不明显的,而整个群体总体上表现的强制性组织公民行为则是更有意义的。但是现有关于强制性组织公民行为的研究主要从个体层次的变量探讨其影响作用,尚未发现团队层次的相关研究。

此外,随着团队模式的广泛应用,组织面临的最重要的问题之一就是探讨影响团队绩效的因素及其内在作用机制(王永丽、邓静怡、任荣伟,2009)[168]。然而,团队绩效是群体互动的结果,不是将每个成员的绩效简单相加(Kozlowski,Klein,2000)[169],那么强制性组织公民行为在个体层次影响作用的研究结果就不一定适用于团队层次。由此可见,尚需加强从团队层次探讨强制性组织公民行为及其后果的研究。具体地,本研究认为,团队层次的强制性组织公民行为结构来自群体成员的特征、行为或认知,而成员的这些特征、行为或认知的交互作用则形成了群体层次的强制性组织公民行为结构。

经典的IPO(Input-Process-Output,投入-过程-输出)团队研究模型认为,团队投入影响团队过程,进而影响团队产出。已有研究表明,相比团队投入和团队输出,团队过程更像一个"黑箱",而团队过程的研究也得到了越来越多的关注。一般来说,团队过程指团队成员之间的相互作用,如交换、沟通、冲突和组织支持等(王永丽、邓静怡、任荣伟,2009)[168]。团队心理安全(Team Psychological Safety)是指团队成员的一种共同信念,这种共同信念的建立根植于成员间以及成员与领导或组织间的相互交换、彼此沟通和互相尊重(Edmondson,1999)[136],反映了团队过程的交换和沟通部分。因此本书选择团队心理安全为"过程"变量,以强制性组织公民行为为"投入"变量、团队绩效为"输出"变量,在团队层次探索团队心理安全探讨在强制性组织公民行为与团队绩效关系中的中介作用。

综上,本研究通过理论分析和实证研究,力图回答以下几个问题:

其一,在充分理解了强制性组织公民行为的内涵与特征之后,本部分要回答的第一个问题是:强制性组织公民行为对员工行为态度的影响效果如何以及如何影响的?

其二,本书将强制性组织公民行为与团队研究相结合,并采纳经典的 IPO 团队研究模型,将强制性组织公民行为融入该经典框架,在团队层次探索强制性组织公民行为对团队绩效的影响及作用机制,这是本部分的第二个研究问题。

研究的理论模型如图 6-1 所示(本章下一节将提供具体论证)。

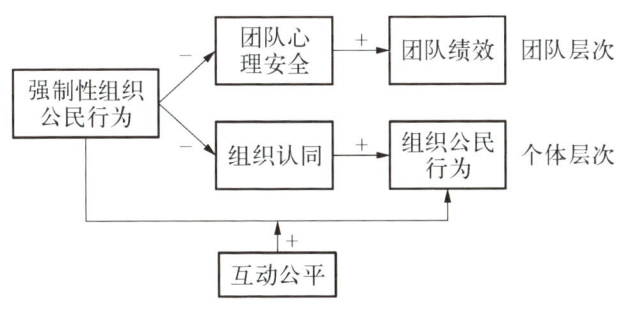

图 6-1 本研究的理论模型

6.2 理论背景与研究假设

6.2.1 强制性组织公民行为对员工组织公民行为的作用机制

1. 强制性组织公民行为对员工组织公民行为的影响

Katz(1964)[170]指出,为了维持组织的有效运作,员工除了要完成角色内工作,还需要完成超越角色要求的创新与自主行为。Smith 等(1983)[30]人将这类行为统称为"组织公民行为",后续研究更认为它是促进组织有效运作和提高竞争力的重要保证(Farh 等,2004)[34]。从组织公民行为概念产生开始,学者们就没有停止过对其影响因素的讨论,但总起来看,其前因变量大致可以分为四个方面:个体特征、任务特征、组织特征及领导行为(Podsakoff,2000)[5]。个体特征是对组织公民行为前因变量讨论的一个重点,主要包括态度和动机这两个部分。强制性组织公民行为作为个体的一种强制性感受,体现了个体特征的态度方面,也可能对组织公民行为产生影响。根据互惠规范(Reciprocity Norm),当员工从领导那里获得的是强制、被动等有形和无形的压力时,他们心理上会出现不平衡感,并倾向采取一定的措施来促使新的平衡,例如降低工作努力程度、怠工等,至于为组织无偿地付出额外的贡献(如组织公民行为),出现的概率则更低了(Gouldner,1960[171];汪林等,2009[6])。

关于这一点,Morrison(1999)[172]也强调,强制性组织公民行为不是一种无意识的行为感受,它代表着员工对于来自组织或领导管理压力,以及同事政治压力的一种反应。这些压力促使员工不得不表现出一些职外行为,但由于得不到任何正式的奖励或回报,就会降低他们实现更高绩效水平的动力,因此不乐意付出额外努力以表现更多的组织公民行为(Tepper 等,2004)[55]。Vigoda-Gadot(2006,2007)[9-10]的研究也为此提供了初步的证据,他的研究表明强制性组织公民行为对组织公民行为有着显著的负向预测效果。总的来说,在高水平的强制性组织公民行为中,员工会产生被剥削和被辱虐的感觉,并因此降低其工作努力程度和组织公民行为意愿(Tepper 等,2004)[55]。然而,跨文化研究表明,中西方文化的差异对管理有着重要的影响(Hofstede,1980)[17],再加之不同的政治、经济、法律等规范的作用,根植于西方文化的强制性组织公民行为究竟是否能够影响中国企业员工的组织公民行为表现还需要进一步加以验证。基于以上分析,本书提出下面的假设。

假设1:强制性组织公民行为对员工的组织公民行为具有显著的负向影响。

这一假设可以分为两个子假设,即:

假设1a：员工指向组织的强制性组织公民行为对组织公民行为具有显著的负向影响；

假设1b：员工指向个体的强制性组织公民行为对组织公民行为具有显著的负向影响。

2. 组织认同的中介作用

尽管现有文献已经从理论和实证上探讨了强制性组织公民行为与组织公民行为的联系，但是很少有经验研究关注强制性组织公民行为对组织公民行为的影响过程。本研究将组织认同引入强制性组织公民行为影响组织公民行为的过程中，将其视作连接起两者的桥梁。

组织认同是20世纪50年代以来在社会认同概念的基础上发展起来的。作为社会认同的一种特殊形式，近年来，组织认同引起了越来越多的学者的兴趣，并成为组织行为学者们关注的焦点。根据组织认同理论，强组织认同感会使个体站在组织的角度思考问题，并做出有利于组织的行为（如组织公民行为等）；反之，如果员工的组织认同感较低时，其与组织的关联整体意识和与组织间的情感纽带就会被破坏，且难以产生与组织同呼吸、共命运的感受，进而也缺乏做出利组织行为的动力。相当多的实证研究也证明了组织认同与组织公民行为之间的正相关关系，例如Bergami和Bagozzi(2000)[173]的研究表明组织认同对组织公民行为的利他、尽职、运动员精神、谦恭和公民美德等五个维度均具有显著的影响。Dukerich等(2002)[106]人的研究发现，组织认同与组织公民行为显著正相关。Dick等(2004)[107]人的研究也表明，员工的组织认同感对其组织公民行为具有一定的正向预测力。因此，本研究认为组织认同与组织公民行为正相关。

已有研究表明，员工的组织认同受很多变量的影响，比如满意度、工作自主性、职业认同、组织支持感、员工感知道德、组织声誉等（Mael和Ashforth，1992[104]；Morgan等，2004[174]；Bamber和Iyer，2002[175]；

Schrodt,2002[176])。事实上,仔细考量这些因素,不难发现强制性组织公民行为与它们之中的某些因素存在着紧密的联系。Tepper等(2004)[55]和Vigoda-Gadot(2006,2007)[9-10]的研究也为此提供了证据,他们的研究表明强制性组织公民行为对员工满意度、工作自主性、职业认同等有着显著的负向影响。因此,本研究认为,强制性组织公民行为也可能是影响组织认同的一个前因变量。从社会认同理论来看,人们在选择某一群体成员资格来建立社会身份时,主要基于提高自尊、降低无常感或提高认知安全感、满足归属感、找寻存在的意义等四种心理动机,这四种心理动机满足与否将直接决定个体对其所属群体的认同水平(赵志裕等,2005)[88]。然而,在高水平的强制性组织公民行为中,员工的这四种心理动机都或多或少地会受到一定程度的威胁,这主要是因为:

(1)自尊是个人维持和产生积极情感(如自信、成就感和幸福感等)的重要因素(Leary和Baumeister,2000)[177]。强制性组织公民行为伤害了被强制员工的自尊,因为强制性行为经常是和辱虐、恐吓、惩罚等相联系的,它往往传递着一个隐含的信息,即被强制者是不被信任、不被赏识或无足轻重的。

(2)人们除了希望借助社会认同提高自尊外,也希望透过它降低在社会生活中的无常感,即清楚自己是谁,清楚自己和自己认同的社群的成员有哪些特征,从而有效预测各人的行为,并懂得如何与这些人交往(Hogg,Mullin,1999)[95]。但强制性组织公民行为往往意味着组织或上司经常强制性地赋予组织成员一些职外任务,这会让成员难以清晰地认知自己或他人的角色与特征,增加交往或协作的难度。从而增加员工在组织生活中的无常感,赋予员工一种在社会认知上的不安全感。

(3)归属感指个人自觉被别人或被团体认可与接纳时的一种感受。强制性组织公民行为伤害了被强制员工的归属感,因为强制性行为伴随的辱虐、恐吓、惩罚等行为感受会极大地挫败员工的主观能动性，导致员工与领导者的思维方式和组织的核心价值观产生深层次的偏差，从而逐步降低个体的归属感。

（4）强制性组织公民行为剥夺了被强制员工在组织中存在的意义，因为强制性组织公民行为往往象征着员工在组织中的"社会死亡"（Social Death），即员工会因此成为没有灵魂和自尊的"机器"。可以想象，当员工具有较高的强制性组织公民行为感受时，其自尊感、认知安全感、归属感等心理动机都会被削弱，进而降低组织认同感。

由此可见，虽然尚无相关的研究支持，我们仍可以推断强制性组织公民行为对组织认同有着显著的负向预测效果，并经组织认同影响组织公民行为。换句话说，组织认同是强制性组织公民行为影响组织公民行为的中介变量。而且从行为科学的观点来看，强制性组织公民行为也首先会影响员工的心理感知（如组织认同感），继而影响员工的行为反应（如组织公民行为）。因此，本研究认为个体所遭受的强制性组织公民行为程度越高，其对组织的认同感相应越低，进而会对其组织公民行为产生显著的抑制作用。基于以上分析，本书提出下面的假设。

假设2：组织认同在强制性组织公民行为与员工的组织公民行为之间起中介作用。

这一假设可以分为两个子假设，即：

假设2a：组织认同在员工指向组织的强制性组织公民行为与组织公民行为之间起中介作用；

假设2b：组织认同在员工指向个体的强制性组织公民行为与组织公民行为之间起中介作用。

3. 互动公平的调节作用

中国组织情境中的强制性组织公民行为与组织公民行为之间的关系，对互动公平感知程度不同的员工而言，关系强度可能也会有所差异。

互动公平由 Bies 和 Moag(1986)[167]首次提出,主要关注程序执行过程中人际对待的质量与决策者行为的适宜性。Greenberg(1993)[178]进一步提出了互动公平的二维度结构:一是人际公平,即管理者在与下属的工作互动过程中尊重和关怀下属的程度,如是否考虑到下属的自尊,对待下属是否以礼相待等;二是信息公平,即组织在做有关决策,特别是对员工有不利影响的组织决策时,是否向相关员工做出了合理的解释和说明。

根据本书的定义,强制性组织公民行为实质上是员工在组织中被迫表现出公民行为的一种强制性感受,包括来自上司辱虐管理、同事政治行为和组织强制氛围等方面的压力。这种强制性感受通过降低员工的自尊、提高无常感或降低认知安全感、降低归属感、剥夺存在的意义等途径来降低员工的组织公民行为表现(Hogg 和 Mullin,1999[95];Tepper 等,2004[55];Vigoda-Gadot,2007[9])。在高互动公平感中,员工可以感受到来自领导的尊重和友善,即使在遭受到不理想的分配结果时(如被迫做一些无报酬的职外工作),也会及时地得到领导或组织给予的合理解释;而在低互动公平感中,员工在与上司的工作互动过程中感受到较低程度的人际公平和信息公平(Folger 和 Cropanzano,1998)[179]。根据 Lind 等(2001)[22]人的公平启发理论(Fairness Heuristic Theory),员工的公平感受具有启动效应,即一般的公正判断一旦形成,就作为后续态度和行为的指导原则。而且一般的公正判断会有一定的惯性,要维持一段时间,除非有一些新的事件或变革出现,如组织的兼并、重组、新的战略实施等。否则人们不会轻易改变已经形成的判断。因此,对高互动公平感的员工来说,因为在工作互动过程中,权益得到重视,自尊得以体现,所形成的一般公正判断(高公平)会对其行为态度产生持续的影响,如较多的亲社会行为、组织公民行为等。即使受到强制性组织公民行为等负面因素的刺激,也不太容易发生改变;而对低互动公平感的员工来说,因为在工作互动过程中,要么被区别对待、要么被剥削、要么失去自尊,所形成的一般公正判断(低公平)会使其难以清晰定义组织身份并顾忌短期内人际风险后果,从而产生较低的组织公民行为意愿。而受到强制性组织公民行为等负面因素的刺激时,反而更容易增加这些感受,进一步抑制员工的组织公民行为表现。

已有研究也支持以上推理。例如,Desivilya 等(2006)[180]人发现,互动公平在员工依附类型与组织公民行为之间起到显著的正向调节作用。Kickul 等(2002)[181]人的研究表明,在低互动公平中,心理契约违背对员工组织公民行为的负向影响更为显著;而在高互动公平中,心理契约违背对员工组织公民行为的负向影响不显著。因此,本研究推想强制性组织公民行为对员工组织公民行为的作用,在不同的互动公平感中是不同的。基于以上分析,本书提出下面的假设。

假设3:互动公平对强制性组织公民行为与组织公民行为之间的关系具有显著的调节作用,即在低互动公平中,他们之间呈显著的负相关关系;而在高互动公平中,相关关系不显著。

这一假设可以分为两个子假设,即:

假设3a:互动公平对员工指向组织的强制性组织公民行为与组织公民行为之间的关系具有显著的调节作用,即在低互动公平中,他们之间呈显著的负相关关系;而在高互动公平中,相关关系不显著;

假设3b:互动公平对员工指向个体的强制性组织公民行为与组织公民行为之间的关系具有显著的调节作用,即在低互动公平中,他们之间呈显著的负相关关系;而在高互动公平中,相关关系不显著。

6.2.2 强制性组织公民行为对团队绩效的作用机制

1. 强制性组织公民行为对团队绩效的影响

团队的产生极大地促进了组织公民行为理论的发展,而伴随着组织公民行为研究与实践的兴起,团队绩效也日益成为学术界和产业界共同关注的热点之一。团队绩效,即团队的效率、生产力、反应速度、质量、顾客满意度以及创新等(Cohen,Bailey,1997)[182]。团队通过协同式地结合团队成员个体的知识、技能和努力,产生团队整体绩效,这一过程中,团队成员的主动性、自发性、合作性、互助性等组织公民行为个体层次要素发挥着重要的作用。而强制性组织公民行为的基本假设在于组织公民行为在受到外部压力的情况下,利他、尽职、运动员精神、谦恭和公民美德等5个维度均失去自发性(Vigoda-Gadot,2006)[10]。在此情况下,组织成员的互动、合作、分享、帮助等行为必然受到一定程度的抑制,从而影响团队整体绩效,具体分析来看:

一方面,强制性组织公民行为同员工的一系列态度反应和行为表现存在负面的关联,这有可能会在某种程度上降低员工在团队中的绩效表现。譬如,强制性组织公民行为中的辱虐、威胁、惩罚等感受会降低员工对于上司和组织的信任感、满意度、认同度等。更为重要的是,强制性组织公民行为还会降低下属的角色外行为表现,而团队成员的这类行为与团队绩效的关系密切相连(Podsakoff,Ahearne 和 MacKenzie,1997)[183]。所以,强制性组织公民行为可能会抑制团队成员作为个体在完成团队任务时的态度反应和行为表现,从而降低团队的整体绩效水平。

另一方面,从团队成员交互的角度来看,强制性组织公民行为也可能会对团队绩效带来不利的影响。因为强制性组织公民行为往往意味着团队成员较低的自主性和自由度,尤其在团队决策过程中给予成员的授权和参与度较少,让团队成员在决策中难以达成真正的共识(Knight 等,1999)[184]。在此情况下,团队成员知觉到的满意度和团队效率就会降低,大家抱着"各人各扫门前雪"的态度来对待团队的工作,从而在很大程度上削弱团队的运行效率和绩效(Flood 等,2000)[185]。

综合上述分析,本研究推想员工的强制性组织公民行为对团队绩效应该有着显著的负向预测效果。因此,本研究提出下面的假设。

假设4:强制性组织公民行为对团队绩效具有显著的负向影响。

这一假设可以分为两个子假设,即:

假设4a:指向组织的强制性组织公民行为对团队绩效具有显著的负向影响;

假设4b:指向个体的强制性组织公民行为对团队绩效具有显著的负向影响。

2. 团队心理安全的中介作用

为了进一步探讨强制性组织公民行为对团队绩效的影响机制,本书基于IPO团队研究模型,选择团队心理安全为"过程"变量,以强制性组织公民行为为"投入"变量、团队绩效为"输出"变量,将团队心理安全视作连接起两者的桥梁。

团队心理安全这一概念最早由Edmondson(1999)[136]提出,意指团队成员的一种共同信念,即共同认为在团队内承担人际风险是安全的,亦即相信团队不会为难、拒绝或者惩罚勇于发表真实意见的人。后来,Tynan(2005)[186]对团队心理安全进行了重新界定,将其转化为两个子水平的构念:自我心理安全感和他人心理安全感。自我心理安全感指个体从情绪上感知到的他人对于自己安全感的影响,他人心理安全感指在与他人的关系中知觉到他人是否感到安全。这样一来,心理安全感的对象不再是团队,而是交互的双方,如主管和同事等(Tynan,2005)[186]。在高心理安全感的团队中,成员间具有彼此信任、相互尊重和互相关心的人际信念,团队内鼓励容忍错误、寻求帮助与反馈、冒险、互相鼓励、提出不同观点等。在这一氛围下,团队成员的主动性和能动性增加,并会把更多精力投入工作,从而提升团队绩效(Edmondson,1999[136];Brown等,1996[187];Faraj和Yan,2009[188])。相当多的实证研究也证明了这一点,例如Edmondson(1999)[136]和陈国权等

(2008)[189]的研究表明团队心理安全感可以通过提升团队学习行为进一步提高团队的绩效。Brown等(1996)[187]指出团队心理安全作为个体工作动机的一个维度,通过工作投入影响个体和团队绩效。Faraj和Yan(2009)[188]也发现在心理安全感较高的团队中,成员能够把更多精力投入工作,进而获得较好的团队绩效。因此,本研究认为团队心理安全会正向影响团队绩效。

综合已有文献可以发现,团队心理安全在理论上受很多变量的影响,比如个体的专业地位、自我意识、人际关系质量、群体活动与结构特征、领导行为、组织信任和组织支持等(Nembhard和Edmondson,2006[190];May等,2004[145];Siemsen等,2009[191];Edmondson,2004[192])。事实上,仔细考量这些因素,不难发现强制性组织公民行为与它们之中的某些因素,例如人际关系质量、领导行为感知、组织信任感和组织支持感等,都存在着或多或少的联系。这主要是因为强制性组织公民行为强调员工会产生被剥削和被辱虐的感觉,加强对辱虐型领导行为的认知,并由此降低组织信任感和组织支持感等(Tepper等,2004)[55]。所以,本研究认为强制性组织公民行为也可能是影响团队心理安全的一个前因变量。具体来看,当团队中包含更多支持性管理,给予成员更为明晰的工作期望,并且能够允许成员自由地表达声音时,成员就会从团队中感知到更高水平的心理安全感(Brown等,1996)[187]。而强制性组织公民行为恰恰是经常以辱虐、威胁等方式来强迫员工做一些他们不想做的任务,这就容易使被强迫的员工知觉到模糊的工作角色、辱虐型管理方式和抑制自我表达的团队氛围特征,从而产生被为难,以及不被尊重和信任的认知,进一步带来团队心理安全的降低(Vigoda-Gadot,2006)[10]。因此,本研究推想强制性组织公民行为与团队心理安全负相关。

由此可见,当团队中存在过多的强制性组织公民行为,如领导剥削、辱虐或组织政治的困扰时,成员会感觉到上下级关系质量、组织信任和组织支持等的降低,并进一步削弱其团队心理安全感,这时他们就不愿意承担具有创新性和需要一定勇气去完成的任务,而是将过多的精力和时间投入与工作无关的领域,那么,团队整体绩效的提升就会因此受到抑制(Tepper 等,2004)[55]。综合上述分析,本研究推断强制性组织公民行为对团队心理安全有着显著的负向预测效果,并经团队心理安全影响团队绩效。换句话说,团队心理安全是强制性组织公民行为影响团队绩效的中介变量。基于以上分析,本书提出下面的假设。

假设 5:团队心理安全在强制性组织公民行为与团队绩效之间起中介作用。

这一假设可以分为两个子假设,即:

假设 5a:团队心理安全在指向组织的强制性组织公民行为与团队绩效之间起中介作用;

假设 5b:团队心理安全在指向个体的强制性组织公民行为与团队绩效之间起中介作用。

6.3 研 究 设 计

6.3.1 研究对象与研究程序

本研究选取上海旭富实业、上海传慎通用设备有限公司、IBM 上海分公司、上海巴士汽车租赁服务有限公司、郑州康桥房地产开发有限公司和大豫网等公司(生产的产品基本相同)中的项目团队作为研究对象。这些项目团队的团队规模在 4~13 之间,平均值为 7.18 人(包含团队领导)。为了更加准确地反映变量之间的关系,也为了避免同源方差(common method variance)问题,本研究选择团队领导-团队成员的配对数据进行实证分析,并进行先后两次数据收集(时间间隔为三个月)。

研究程序包括以下几个步骤:首先,通过熟人关系(与作者关系亲近的同学和已经参加工作的朋友)确定目标企业;其次,在各个公司熟人的配合下确定调查团队,每个团队发放1份《团队领导问卷》及4~10份《团队成员问卷》,告知调研目的、保密原则和注意事项等,并确保管理者和下属不知道自己被对方评价,以控制社会赞许性的影响;再次,进行第一次调研(T1),向团队成员发放《团队成员问卷》,由其填答个人背景信息、强制性组织公民行为、组织认同、团队心理安全、互动公平,现场收回并密封;然后,进行第二次调研(T2),向团队领导发放《团队领导问卷》,由其填答个人和团队背景信息、团队绩效,并逐一评定相应成员的组织公民行为,现场收回并密封;最后,将问卷配对装订,并进行筛选、编号、资料录入以及资料分析。

总的来说,本研究的两次调研共发放问卷给610名团队成员和178位团队领导,最终收回431份《团队成员问卷》和124份《团队领导问卷》,整体回收率为70.7%和69.7%。剔除无效问卷后,最终得到有效的团队领导-团队成员配对数据376份。其中,T1的376个强制性组织公民行为、组织认同、互动公平数据(团队成员评价)和T2的376个组织公民行为数据(团队领导评价),用于强制性组织公民行为对员工组织公民行为的作用机制研究;T1的376个强制性组织公民行为、团队心理安全数据(团队成员评价)和T2的115个团队绩效数据(团队领导评价),用于强制性组织公民行为对团队绩效的作用机制研究。

样本的描述性统计表明,团队领导以男性居多(占65.2%),年龄以36~45岁居多(占45.2%);团队成员中,男性成员占61.2%,年龄以

36~45岁居多(占43.2%),学历以大学专科居多(39.6%);团队年龄以1~3年居多(占59.1%),平均规模为7.18人。

6.3.2 问卷设计

首先,通过对既有文献的回顾以及前文开发的员工强制性组织公民行为问卷,形成本研究调查问卷的各个测量项目。

其次,为控制社会赞许性和避免语意上的差异影响问卷质量,参照Brislin(1980)[155]和陈永霞等(2006)[156]的方法,本研究对来自西方文献的量表(如:组织公民行为量表、组织认同量表、互动公平量表、团队绩效量表和团队心理安全量表)的测量项目进行修订。具体地,由4位企业管理专业的研究生将原始量表经过2轮英汉互译之后形成初始量表,之后把原英文、中文译句,以及翻译的英文译句给两位人力资源方向的教授,请他们评价修改,并讨论以确定合适的中文译句,从而形成研究问卷的初稿。在此基础上,邀请2名企业人力资源管理人员、1名人力资源管理专业教授和2名人力资源管理专业博士对原始量表中某些有歧义、无意义或模糊的项目进行讨论与修正。

最后,围绕研究内容和研究目的,对问卷做进一步的整体完善,并以此为基础形成本研究所用调查问卷(详见附录Ⅰ)。

6.3.3 变量测量

团队成员填写的《团队成员问卷》是自我报告其组织认同感、互动公平感、团队心理安全和强制性组织公民行为;团队领导填写的《团队领导问卷》是对目标员工的组织公民行为表现和团队绩效进行评价。问卷的具体来源如下。

(1) 强制性组织公民行为的测量

本研究中,采用第3章开发的中国背景下强制性组织公民行为的二维结构量表(即,指向组织的强制性组织公民行为和指向个体的强制性组织公民行为)来测量员工的强制性组织公民行为。问卷中每个项目用一个里克特5点量表测量,即存在1～5点评价刻度,1表示"完全不符合",5表示"完全符合"。该量表的测量项目见表5-4,在此不再赘述。

(2) 组织认同的测量

本研究采用Smidts等(2001)[103]人开发的5个项目(RT1～RT5)的量表来测量员工的组织认同感。问卷中每个项目用一个里克特5点量表测量,即存在1～5点评价刻度,1表示"完全不符合",5表示"完全符合"。该量表已被广泛地应用在相关文献中,并且在本土样本中具有较高的信度(吴隆增、刘军、许浚,2010)[193]。该量表具体的测量项目见表6-1。

表6-1 组织认同变量的测量项目

序 号	测 量 项 目
RT1	我感觉与组织的关系紧密
RT2	我在组织中能体验到强烈的归属感
RT3	我很骄傲能为该组织工作
RT4	我在组织中得到充分认可
RT5	我很高兴能成为该组织的一员

(3) 互动公平的测量

本研究采用Niehoff与Mororman(1993)[194]开发的6个项目(GP1～GP6)的量表来测量互动公平。问卷中每个项目用一个里克特5点量表测量,即存在1～5点评价刻度,1表示"完全不符合",5表示"完全符合"。该量表已被广泛地应用在相关文献中,并且在本土样本中具有较高的信度(何轩,2009)[166]。该量表具体的测量项目见表6-2。

第6章 中国背景下强制性组织公民行为的结果研究

表6-2 互动公平变量的测量项目

序 号	测 量 项 目
GP1	当在做与我工作相关的决策时,上级会好意地对待我
GP2	当在做与我工作相关的决策时,上级会尊重我考虑到我的尊严
GP3	当在做与我工作相关的决策时,上级会考虑我的个人需求
GP4	当在做与我工作相关的决策时,上级会以符合实际的方式进行
GP5	当在做与我工作相关的决策时,上级会将其内涵与我商谈
GP6	上级会公正地评价我的工作

(4) 团队心理安全的测量

本研究采用 Edmondson(1999)[136] 开发的 7 个项目(AQ1~AQ7)的量表来测量互动公平。问卷中每个项目用一个里克特 5 点量表测量,即存在 1~5 点评价刻度,1 表示"完全不符合",5 表示"完全符合"。该量表已被广泛地应用在相关文献中,并且在本土样本中具有较高的信度(唐翌,2005)[195]。该量表具体的测量项目见表 6-3。

表6-3 团队心理安全变量的测量项目

序 号	测 量 项 目
AQ1	如果我在团队的工作中出了差错,就会遭到抱怨(R)
AQ2	这个团队中的成员都可以提出并坚持自己的看法
AQ3	在这个团队中,有时人们会因为差异而排斥他人(R)
AQ4	在这个团队中,允许工作上有一定的冒险行为
AQ5	在这个团队中,向其他人寻求帮助是很难的(R)
AQ6	本团队中没有人会为了表现个人的能力或优势而故意反对其他成员
AQ7	在与团队成员的合作中,我特有的技术和才能会得到认可与利用

(5) 组织公民行为的测量

本研究采用 Farh 等人(2004)[34]在中国背景下开发的 9 个项目(CCB1～CCB9)的量表来测量员工的组织公民行为。其中,3 个项目测量助人行为,2 个项目测量建言行为,4 个项目测量自觉性。由于本研究不在维度层次上对 OCB 展开细致的研究,根据 Farh 等人(2004)[34]的建议,本研究将这 3 个维度合并获得整体构念(construct)层次上的取值。问卷中每个项目用一个里克特 5 点量表测量,即存在 1～5 点评价刻度,1 表示"完全不符合",5 表示"完全符合"。该量表已被广泛地应用在相关文献中,并且在本土样本中具有较高的信度(汪林等,2009)[6]。该量表具体的测量项目见表 6-4。

表 6-4 组织公民行为变量的测量项目

序　号	测　量　项　目
OCB1	这名员工会主动帮助工作量大的同事
OCB2	这名员工乐意帮助新同事尽快适应工作环境
OCB3	这名员工乐意帮助同事解决工作中的问题
OCB4	这名员工会积极提出改善工作程序或进程的建议
OCB5	这名员工会积极提出改善组织效率的建议
OCB6	这名员工工作勤奋并具有较强的责任心,即使工作成果不被计算在其绩效考核之内
OCB7	这名员工会愿意无偿加班
OCB8	这名员工会在必要时主动加班来完成工作
OCB9	这名员工经常早早上班,并立即投入工作

(6) 团队绩效的测量

本研究采用 Zellmer-bruhn 和 Gibson(2006)[196]开发的 5 个项目(JX1～JX5)的量表来测量团队绩效。问卷中每个项目用一个里克特 5 点量表测量,即存在 1～5 点评价刻度,1 表示"完全不符合",5 表示"完全符合"。该量表已被广泛地应用在相关文献中,并且在本土样本中具有较高的信度(刘军、章凯和仲理峰,2009)[197]。该量表具体的测量项目见表6-5。

表6-5 团队绩效变量的测量项目

序 号	测 量 项 目
JX1	该工作团队能够实现它的目标
JX2	该工作团队能够完成它的任务
JX3	该工作团队能够达到组织对它的要求
JX4	该工作团队能够实现它的使命
JX5	该工作团队能达成目的

(7)控制变量

本研究将团队成员的背景变量(如性别、年龄、学历等)作为控制变量,以检验其对组织公民行为的影响程度。同时,将团队领导的性别、年龄和团队的队龄、规模作为控制变量,检验其对团队绩效的影响程度。其中,对性别进行虚拟变量处理,男性为"0",女性为"1";年龄分为4个等级:"0"代表25岁及以下,"1"代表26～35岁,"2"代表36～45岁,"3"代表46岁及以上;学历分为4个等级:"0"代表高中及以下,"1"代表大学专科,"2"代表大学本科,"3"代表研究生;团队年龄也分为4个等级:"0"代表1～3年,"1"代表4～6年,"2"代表7～9年,"3"代表10年及以上;团队规模以团队人数来测量。

6.4 研 究 结 果

本研究的数据分析由 SPSS 19.0 和 AMOS 18.0 完成,所用方法包括：描述性统计法、CITC 检验、信度分析、验证性因子分析、数据聚合分析、相关分析、层次线性回归和 Sobel 检验等。

6.4.1 CITC 检验与信度分析

1. 强制性组织公民行为量表的 CITC 检验与信度分析

（1）指向组织的强制性组织公民行为

表 6-6 是员工指向组织的强制性组织公民行为量表的 CITC 检验与信度分析结果，由表 6-6 可知，指向组织的强制性组织公民行为量表的 α 系数为 0.94，满足标准，表明各测量项目具有较高的内部一致性。各项目的 CITC 值分别为：CCBO1 = 0.80，CCBO2 = 0.84，CCBO3 = 0.80，CCBO4 = 0.79，CCBO5 = 0.79，CCBO6 = 0.88，均符合标准。因此，该量表符合研究的要求。

表 6-6 CCBO 维度的 CITC 检验与信度分析（$N = 376$）

测量项目	CITC-1	CITC-2	删除该条目后的 α 系数	α 系数
CCBO1	0.80		0.93	
CCBO2	0.84		0.93	
CCBO3	0.80		0.93	$\alpha-1=0.94$
CCBO4	0.79		0.93	$\alpha-2=/$
CCBO5	0.79		0.93	
CCBO6	0.88		0.92	

（2）指向个体的强制性组织公民行为

表 6-7 是员工指向个体的强制性组织公民行为量表的 CITC 检验与信度分析结果，由表 6-7 可知，指向个体的强制性组织公民行为量表的 α 系数为 0.89，满足标准，表明各测量项目具有较高的内部一致性。各项目的 CITC 值分别为：CCBI1 = 0.75，CCBI2 = 0.73，CCBI3 =

0.73，CCBI4 = 0.72，CCBI5 = 0.67，CCBI6 = 0.65，均符合标准。因此，该量表符合研究的要求。

表 6-7　CCBI 维度的 CITC 检验与信度分析（$N=376$）

测量项目	CITC-1	CITC-2	删除该条目后的 α 系数	α 系数
CCBI1	0.75		0.87	
CCBI2	0.73		0.87	
CCBI3	0.73		0.87	$\alpha-1=0.89$
CCBI4	0.72		0.87	$\alpha-2=/$
CCBI5	0.67		0.88	
CCBI6	0.65		0.88	

2. 组织认同量表的 CITC 检验与信度分析

表 6-8 是组织认同量表的 CITC 检验与信度分析结果，由表 6-8 可知，组织认同量表的 α 系数为 0.88，满足标准，表明各测量项目具有较高的内部一致性。各项目的 CITC 值分别为：RT1 = 0.68，RT2 = 0.62，RT3 = 0.76，RT4 = 0.79，RT5 = 0.69，均符合标准。因此，该量表符合研究的要求。

表 6-8　组织认同量表的 CITC 检验与信度分析（$N=376$）

测量项目	CITC-1	CITC-2	删除该条目后的 α 系数	α 系数
RT1	0.68		0.86	
RT2	0.62		0.87	
RT3	0.76		0.84	$\alpha-1=0.88$
RT4	0.79		0.83	$\alpha-2=/$
RT5	0.69		0.86	

3. 互动公平量表的 CITC 检验与信度分析

表 6-9 是互动公平量表的 CITC 检验与信度分析结果，由表 6-9

可知,互动公平量表的 α 系数为 0.92,满足标准,表明各测量项目具有较高的内部一致性。各项目的 CITC 值分别为:GP1 = 0.78,GP2 = 0.80,GP3 = 0.72,GP4 = 0.76,GP5 = 0.69,GP6 = 0.86,均符合标准。因此,该量表符合研究的要求。

表 6-9 互动公平量表的 CITC 检验与信度分析($N = 376$)

测量项目	CITC-1	CITC-2	删除该条目后的 α 系数	α 系数
GP1	0.78		0.90	
GP2	0.80		0.90	
GP3	0.72		0.91	$\alpha-1=0.92$
GP4	0.76		0.90	$\alpha-2=/$
GP5	0.69		0.91	
GP6	0.86		0.89	

4. 组织公民行为量表的 CITC 检验与信度分析

表 6-10 是组织公民行为量表的 CITC 检验与信度分析结果,由表 6-10 可知,组织公民行为量表的 α 系数为 0.90,满足标准,表明各测量项目具有较高的内部一致性。各项目的 CITC 值分别为:OCB1 = 0.59,OCB2 = 0.57,OCB3 = 0.58,OCB4 = 0.69,OCB5 = 0.68,OCB6 = 0.74,OCB7 = 0.69,OCB8 = 0.74,OCB9 = 0.75,均符合标准。因此,该量表符合研究的要求。

表 6-10 组织公民行为量表的 CITC 检验与信度分析($N = 376$)

测量项目	CITC-1	CITC-2	删除该条目后的 α 系数	α 系数
OCB1	0.59		0.89	
OCB2	0.57		0.89	$\alpha-1=0.90$
OCB3	0.58		0.89	$\alpha-2=/$
OCB4	0.69		0.89	

续　表

测量项目	CITC-1	CITC-2	删除该条目后的α系数	α系数
OCB5	0.68		0.89	
OCB6	0.74		0.88	
OCB7	0.69		0.89	
OCB8	0.74		0.88	
OCB9	0.75		0.88	

5. 团队心理安全量表的CITC检验与信度分析

表6-11是团队心理安全量表的CITC检验与信度分析结果,由表6-11可知,团队心理安全量表的α系数为0.93,满足标准,表明各测量项目具有较高的内部一致性。各项目的CITC值分别为:AQ1＝0.82,AQ2＝0.76,AQ3＝0.73,AQ4＝0.75,AQ5＝0.80,AQ6＝0.80,AQ7＝0.82,均符合标准。因此,该量表符合研究的要求。

表6-11　团队心理安全量表的CITC检验与信度分析($N=376$)

测量项目	CITC-1	CITC-2	删除该条目后的α系数	α系数
AQ1	0.82		0.92	
AQ2	0.76		0.92	
AQ3	0.73		0.92	
AQ4	0.75		0.92	α-1＝0.93 α-2＝/
AQ5	0.80		0.92	
AQ6	0.80		0.92	
AQ7	0.82		0.91	

6. 团队绩效量表的CITC检验与信度分析

表6-12是团队绩效量表的CITC检验与信度分析结果,由表

6-12可知,团队绩效量表的α系数为0.85,满足标准,表明各测量项目具有较高的内部一致性。各项目的CITC值分别为:JX1 = 0.56,JX2 = 0.70,JX3 = 0.75,JX4 = 0.65,JX5 = 0.65,均符合标准。因此,该量表符合研究的要求。

表6-12 团队绩效量表的CITC检验与信度分析($N = 115$)

测量项目	CITC-1	CITC-2	删除该条目后的α系数	α系数
JX1	0.56		0.84	α—1=0.85 α—2=/
JX2	0.70		0.81	
JX3	0.75		0.79	
JX4	0.65		0.82	
JX5	0.65		0.82	

6.4.2 验证性因子分析

为了避免出现变量之间的区分效度较低而影响后续研究结果的问题,本研究采用 AMOS 18.0 进行验证性因子分析,并选择 χ^2/df 检验、RMSEA(近似误差均方根)、NFI(标准拟合指数)、TLI(非范拟合指数)和 CFI(比较拟合指数)等指标进行数据拟合的验证(Vandenberg 和 Lance,2000)[118]。

第一,个体层次的研究模型包含5个变量:指向组织的强制性组织公民行为、指向个体的强制性组织公民行为、组织认同、互动公平和组织公民行为。由于本研究不在维度层次上对组织公民行为展开细致的研究,根据组织公民行为3个维度的得分,其9个项目被分成3个显示条目。结果显示,5因子模型比其他嵌套模型的拟合效果都要好,参见表6-13。这说明,个体层次的5个变量之间具备良好的区分效度,所有5个变量都可以被包含在后续的实证研究之中。

第6章 中国背景下强制性组织公民行为的结果研究

表6-13 个体层次概念区分效度的验证性因子分析结果

模型	所含因子	χ^2	df	χ^2/df	$\Delta\chi^2(\Delta df)$	RMSEA	CFI	TLI	NFI
模型1	5个因子：CCBO；CCBI；RT；GP；OCB	580.022	289	2.01	—	0.052	0.952	0.947	0.910
模型2	4个因子：CCBO + CCBI；RT；GP；OCB	1 435.291	293	4.90	855.269** (4)	0.102	0.813	0.793	0.777
模型3	4个因子：CCBO；CCBI；RT + GP；OCB	1 547.528	293	5.28	967.506** (4)	0.107	0.795	0.773	0.760
模型4	3个因子：CCBO + CCBI；RT + GP；OCB	2 400.406	296	8.11	1 820.384** (7)	0.138	0.656	0.622	0.628
模型5	3个因子：CCBO；CCBI；RT + GP + OCB	1 837.712	296	6.21	1 257.690** (7)	0.118	0.748	0.723	0.715
模型6	2个因子：CCBO + CCBI；RT + GP + OCB	2 689.043	298	9.02	2 109.021** (9)	0.146	0.609	0.574	0.583
模型7	1个因子：CCBO + CCBI + RT + GP + OCB	4 095.784	299	13.70	3 515.762** (10)	0.184	0.380	0.326	0.365

注：$N = 376$。
CCBO 表示指向组织的强制性组织公民行为；CCBI 表示指向个体的强制性组织公民行为；RT 表示组织认同；GP 表示互动公平；OCB 表示组织公民行为。
+ 表示两个因子合并为一个因子。
模型 2~7 的 $\Delta\chi^2$ (Δdf) 值为模型 2~7 与模型 1 之间的卡方和自由度变化比值。
** 代表 $p < 0.01$，* 代表 $p < 0.05$。

第二,团队层次的研究模型包含4个变量:指向组织的强制性组织公民行为、指向个体的强制性组织公民行为、团队心理安全和团队绩效。由于团队层次的样本量较少,本研究首先基于 Kelloway(1998)[159]和 Wang 等(2005)[46]人的方法将只有一个因子的变量随机分成3个显示条目(indicators)。这样,指向组织的强制性组织公民行为的6个项目被随机地分成3个显示条目,指向个体的强制性组织公民行为的6个项目被随机地分成3个显示条目,团队绩效的5个项目被随机地分成3个显示条目,团队心理安全的7个项目被随机地分成3个显示条目。结果显示,4因子模型比其他嵌套模型的拟合效果都要好,参见表6-14。这说明,团队层次的4个变量之间具备良好的区分效度,所有4个变量都可以被包含在后续的实证研究之中。

6.4.3 个体层次:强制性组织公民行为对组织公民行为的影响分析

1. 变量间的相关分析

表6-15具体列出了个体层次各变量的均值、标准差和相关系数。从中可见,员工指向组织的强制性组织公民行为与组织认同($r = -0.17, p < 0.01$)和组织公民行为($r = -0.13, p < 0.01$)显著相关;员工指向个体的强制性组织公民行为与组织认同($r = -0.16, p < 0.01$)和组织公民行为($r = -0.15, p < 0.01$)也显著相关;组织认同与组织公民行为($r = 0.30, p < 0.01$)的相关关系亦显著。这为本研究进一步论证研究假设提供了一定依据,也表明,变量之间的同步变化具有统计学意义,可以进一步进行相关分析以检验变量之间的因果关系。

2. 假设验证

(1) 假设一(直接效应)的检验

假设1提出员工的强制性组织公民行为对组织公民行为具有显著

第6章 中国背景下强制性组织公民行为的结果研究

表6-14 团队层次概念区分效度的验证性因子分析结果

模型	所含因子	χ^2	df	χ^2/df	$\Delta\chi^2$ (Δdf)	RMSEA	CFI	TLI	NFI
模型1	4个因子：CCBO；CCBI；AQ；JX	93.149	48	1.94	—	0.091	0.955	0.938	0.912
模型2	3个因子：CCBO；CCBI；AQ + JX	225.198	51	4.42	132.049** (3)	0.173	0.825	0.774	0.788
模型3	3个因子：CCBO + CCBI；AQ；JX	297.736	51	5.84	204.587** (3)	0.206	0.752	0.679	0.719
模型4	2个因子：CCBO + CCBI；AQ + JX	452.365	53	8.54	359.216** (5)	0.257	0.599	0.500	0.604
模型5	1个因子：CCBO + CCBI + AQ + JX	594.398	54	11.01	501.249** (6)	0.296	0.457	0.336	0.440

注：$N = 115$。
CCBO表示指向组织的强制性组织公民行为；CCBI表示指向个体的强制性组织公民行为；AQ表示团队心理安全；JX表示团队绩效。
+表示两个因子合并为一个因子。
模型2~5的 $\Delta\chi^2$ (Δdf) 值为模型2~5与模型1之间的卡方和自由度变化比值。
*** 代表 $p < 0.01$，** 代表 $p < 0.05$。

表 6-15　个体层次各变量的均值、标准差和相关系数矩阵

变　量	均　值	标准差	1	2	3	4	5	6	7	8
1. 员工性别	0.41	0.49	—							
2. 员工年龄	2.82	0.83	−0.11*	—						
3. 员工学历	2.28	1.00	−0.03	−0.02	—					
4. CCBO	3.84	0.65	−0.15**	0.10*	−0.13*	(0.94)				
5. CCBI	3.81	0.56	−0.27**	−0.09	−0.07	0.43**	(0.89)			
6. RT	2.31	0.58	0.13*	0.04	0.11*	−0.17**	−0.17**	(0.88)		
7. GP	2.79	0.80	0.08	−0.04	0.10*	−0.18**	−0.20**	0.08	(0.92)	
8. OCB	1.70	0.44	0.13*	0.02	0.11*	−0.13**	−0.15**	0.30**	0.11*	(0.90)

注：$N = 376$。括号内为各个变量的信度系数 α 值。Spearman's Correlation Significant，** 代表 $p < 0.01$，* 代表 $p < 0.05$。CCBO 表示指向组织的强制性组织公民行为；CCBI 表示指向个体的强制性组织公民行为；RT 表示组织认同；GP 表示互动公平；OCB 表示组织公民行为。

的负向影响,表6-16中的层次线性回归分析结果支持了这一假设。由表6-16可知,在控制了员工的年龄、性别和学历等变量之后,员工指向组织的强制性组织公民行为($\beta = -0.11, p < 0.05$)和指向个体的强制性组织公民行为($\beta = -0.11, p < 0.05$)均与组织公民行为显著负相关。本研究的假设1a和1b均得到数据支持。

(2) 假设二(中介效应)的检验

假设2要检验的是,组织认同在员工强制性组织公民行为与组织公民行为的关系中起中介作用。按照Baron和Kenny(1986)[160]所建议的方法,组织认同在员工强制性组织公民行为与组织公民行为的关系中起完全中介作用必须满足4个条件:① 自变量(强制性组织公民行为)与中介变量(组织认同)必须显著相关;② 自变量(强制性组织公民行为)与因变量(组织公民行为)必须显著相关;③ 中介变量(组织认同)与因变量(组织公民行为)必须显著相关;④ 当组织认同进入强制性组织公民行为与组织公民行为的关系分析中,强制性组织公民行为和组织公民行为的关系消失。如果此时强制性组织公民行为和组织公民行为的关系依然显著相关,但关系显著地减弱,则说明组织认同在强制性组织公民行为和组织公民行为的关系中起部分中介作用。

由表6-16中的层次线性回归分析结果可知,员工指向组织的强制性组织公民行为($\beta = -0.14, p < 0.01$)和指向个体的强制性组织公民行为($\beta = -0.13, p < 0.05$)均与组织认同显著负相关,条件1得到满足;员工指向组织的强制性组织公民行为($\beta = -0.11, p < 0.05$)和指向个体的强制性组织公民行为($\beta = -0.11, p < 0.05$)均与组织公民行为显著负相关,条件2得到满足;组织认同感与组织公民行为($\beta = 0.27, p < 0.01$)显著正相关,条件3也得到满足。同时,在加入中介变量(组织认同)后,员工指向组织的强制性组织公民行为CCBO($\beta = -0.07, ns$)和指向个体的强制性组织公民行为CCBI($\beta = -0.07, ns$)对

表6-16 组织认同对强制性组织公民行为与组织公民行为之间中介作用的回归分析结果

变量	OCB为因变量(β) step1	OCB为因变量(β) step2	OCB为因变量(β) step1	OCB为因变量(β) step2	RT为因变量(β) step1	RT为因变量(β) step2	RT为因变量(β) step1	RT为因变量(β) step2
控制变量								
员工性别	0.13*	0.09	0.11*	0.08	0.14**	0.12*	0.14**	0.10
员工年龄	0.05	0.03	0.03	0.02	0.06	0.07	0.06	0.04
员工学历	0.11*	0.08	0.11*	0.08	0.12*	0.10	0.12*	0.11*
自变量								
CCBO	−0.11*	−0.07				−0.14**		
CCBI			−0.11*	−0.07				−0.13*
中介变量								
RT		0.27**		0.27**				
R^2	0.04	0.11	0.04	0.11	0.03	0.05	0.03	0.05
ΔR^2	0.04**	0.07**	0.04**	0.07**	0.03**	0.02**	0.03**	0.02**
F	4.24**	9.32**	4.30**	9.41**	4.38**	5.29**	4.38**	4.87**
ΔF	4.24**	28.39**	4.30**	28.57**	4.38**	7.77**	4.38**	6.17**
dfs	4 371	5 370	4 371	5 370	3 372	4 371	3 372	4 371

注：$N = 376$。

** 代表 $p < 0.01$，* 代表 $p < 0.05$。

β = 标准化回归系数；dfs = 自由度。

CCBO表示指向组织的强制性组织公民行为；CCBI表示指向个体的强制性组织公民行为；RT表示组织认同；GP表示互动公平；OCB表示组织公民行为。

组织公民行为的影响系数均变为不显著。因此,组织认同在员工指向组织的强制性组织公民行为和指向个体的强制性组织公民行为与组织公民行为之间均起着完全中介的作用,假设 2a 和 2b 均得到数据的完全支持。

为进一步检验中介模型的显著性,本研究按照 Preacher 和 Hayes(2004)对于间接效应的检验方法,对本研究中的中介模型进行 Sobel 检验和拔靴法估计,相关结果见表 6-17。

表 6-17 组织认同对强制性组织公民行为与组织公民行为之间中介作用的检验结果

因变量	检验项目	Effect size	SE	z	p	dfs	LL 95% CI	UL 95% CI
CCBO	Sobel 检验结果	−0.03	0.01	−2.83	0.00	2 373	−0.06	−0.01
	Bootstrap 结果	−0.03	0.02	−2.84	0.00	2 373	−0.06	−0.01
CCBI	Sobel 检验结果	−0.04	0.01	−2.87	0.00	2 373	−0.06	−0.01
	Bootstrap 结果	−0.04	0.02	−2.86	0.00	2 373	−0.08	−0.01

注:$N=376$。
CCBO 表示指向组织的强制性组织公民行为;CCBI 表示指向个体的强制性组织公民行为;RT 表示组织认同;OCB 表示组织公民行为。
$SE=$ 标准误差;$dfs=$ 自由度;Effect size $=$ 效应值。
拔靴样本(Bootstrap sample size)$= 5\,000$。
LL $=$ 下限值;CI $=$ 修正偏差后的置信区间;UL $=$ 上限值。

由表 6-17 可知,Sobel 检验的结果验证了组织认同在员工指向组织的强制性组织公民行为(Effect size $= -0.03$,Sobel $Z = -2.83$,$p < 0.01$)和指向个体的强制性组织公民行为(Effect size $= -0.04$,Sobel $Z = -2.87$,$p < 0.01$)与组织公民行为之间关系的中介作用。拔靴法估计的结果也支持了这一结论,员工指向组织的强制性组织公民行为对组织公民行为的间接效应在 95% 置信水平下的置信区间为($-0.06 <-> -0.01$),员工指向个体的强制性组织公民行为对组织公民行为的间接效应在 95% 置信水平下的置信区间为($-0.08 <-> -0.01$),均不包含 0。

综合以上分析,假设 2 得到了完全支持。

(3) 假设三(调节效应)的检验

假设 3 要检验的是,互动公平在员工强制性组织公民行为与组织公民行为的关系中起调节作用。本研究采用 SPSS19.0 做层级回归对互动公平的调节作用进行验证(Aiken 和 West,1991)[162],由于需要验证调节变量与自变量的交互作用,为减小回归方程中变量间的多重共线性问题,本研究在分析之前对变量进行了中心化处理,具体结论见表 6-18。

表 6-18 互动公平对强制性组织公民行为与组织公民行为之间调节作用的回归分析结果

变 量	OCB 为因变量(β)		OCB 为因变量(β)	
	step 1	step 2	step 1	step 2
控制变量				
员工性别	0.12*	0.12*	0.11*	0.11*
员工年龄	0.05	0.06	0.03	0.03
员工学历	0.10	0.09	0.11*	0.11*
自变量				
CCBO	−0.09	−0.13*		
CCBI			−0.10	−0.12*
调节变量				
GP	0.07	0.09	0.07	0.08
交互项				
CCBO × GP		0.17**		
CCBI × GP				0.14**
R^2	0.04	0.07	0.05	0.07

续 表

变 量	OCB为因变量(β)		OCB为因变量(β)	
	step 1	step 2	step 1	step 2
ΔR^2	0.04**	0.03**	0.05**	0.02**
F	4.24**	5.55**	3.82**	4.48**
ΔF	4.24**	10.38**	3.82**	7.47**
dfs	5 370	6 369	5 370	6 369

注：$N = 376$。
** 代表 $p < 0.01$，* 代表 $p < 0.05$。
$\beta =$ 标准性回归系数；$dfs =$ 自由度。
CCBO 表示指向组织的强制性组织公民行为；CCBI 表示指向个体的强制性组织公民行为；RT 表示组织认同；GP 表示互动公平；OCB 表示组织公民行为。

由表 6-18 可知，对于员工指向组织的强制性组织公民行为与组织公民行为之间的显著负相关关系，互动公平起到了显著的正向调节作用（$\beta = 0.17, p < 0.01$）；对于员工指向个体的强制性组织公民行为与组织公民行为之间的显著负相关关系，互动公平起到了显著的正向调节作用（$\beta = 0.14, p < 0.01$）。也就是说，互动公平程度越低，强制性组织公民行为对组织公民行为的负向影响程度会越高。为了更清晰地判断调节效果，本研究按照 Aiken 和 West(1991)[162] 所建议的方法绘制调节效应图。根据互动公平的均值将员工样本分为高低 2 组：对于低互动公平感的员工来说，员工指向组织的强制性组织公民行为（$\beta = -0.214, p < 0.01$）和指向个体的强制性组织公民行为（$\beta = -0.22, p < 0.01$）均与组织公民行为之间是显著的负相关关系；而对于高互动公平感的员工来说，员工指向组织的强制性组织公民行为（$\beta = 0.058, ns$）和指向个体的强制性组织公民行为（$\beta = 0.003, ns$）均与组织公民行为之间无显著关系，见图 6-2 和图 6-3。综上所述，假设 4 得到数据支持。

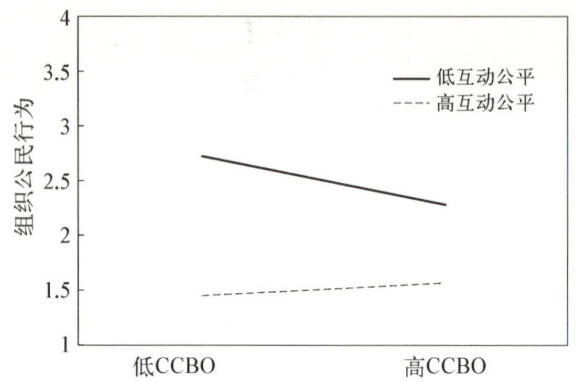

图6-2　互动公平调节CCBO与组织公民行为关系的示意图

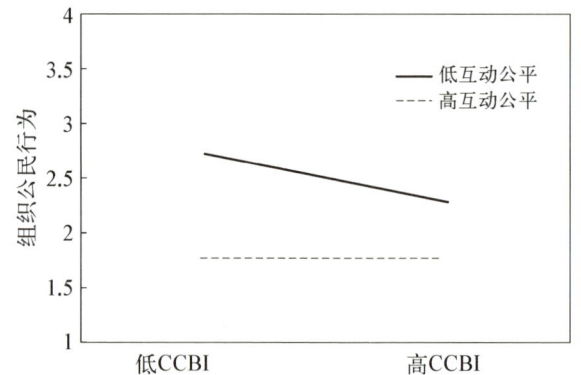

图6-3　互动公平调节CCBI与组织公民行为关系的示意图

6.4.4　团队层次：强制性组织公民行为对团队绩效的影响分析

1. 聚合分析

在团队层次的研究中，由于指向组织的强制性组织公民行为、指向个体的强制性组织公民行为和团队心理安全等变量都是有多个团队成员评价，在变量操作上，需要从团队成员数据聚合到一起，成为团队层次的变量。为了评价数据聚合的可靠性，有必要同时考虑成员评价的团队内差异(Within-group Variance)和团队间差异(Between-group Variance)的情况，团队内差异小但团队间差异明显的情况下，汇聚是合适、可靠的(刘军等,2009)[197]。在聚合过程中,本研究评估了数据聚合分析中3个常用的指标(James,1982[198];Klein和Associates,2000[199]),即组内一致度$R_{wg(j)}$(Within-group Agreement)、组内相关(Intra Class Correlation)ICC(1)与组内相关ICC(2)。其中,$R_{wg(j)}$衡量团队内不同个体对相同对象的评估吻合程度,因而对于每一评估对象,每个团队有一个R_{wg}值,取值在0到1之间;ICC则衡量对同一对象的评估在团队内成员差异和团队均值之间差异的比例,因而对于每一评估对象,只能计算出一个特定的ICC值(ICC[1]和ICC[2]的计算公式有所不同)。一般来说,如果$R_{wg(j)}$大于0.7,ICC(1)大于0.12,ICC(2)大于0.50则表明数据满足"可聚合"的基本要求。

表6-19具体列出了指向组织的强制性组织公民行为、指向个体的强制性组织公民行为和团队心理安全等变量的$R_{wg(j)}$、ICC(1)和ICC(2)的信息。从表6-19可知,指向组织的强制性组织公民行为、指向个体的强制性组织公民行为和团队心理安全的$R_{wg(j)}$值均大于0.7,ICC(1)均大于0.12,ICC(2)均大于0.50,F值也通过了显著度检验,数据聚合性良好,符合数据聚合的要求。

表6-19 数据的聚合性分析结果

变量	$R_{wg(j)}$	ICC(1)	ICC(2)	F值	dfs
CCBO	0.99	0.78	0.92	12.95**	114 261
CCBI	0.99	0.26	0.53	2.14**	114 261
AQ	0.99	0.24	0.51	2.03**	114 261

注:** 代表 $p<0.01$,* 代表 $p<0.05$。
dfs = 自由度。
CCBO表示指向组织的强制性组织公民行为;CCBI表示指向个体的强制性组织公民行为;AQ表示团队心理安全。

2. 变量间的相关分析

表6-20具体列出了团队层次各变量的均值、标准差和相关系数。

表 6-20 团队层次各变量的均值、标准差和相关系数矩阵

变量	均值	标准差	1	2	3	4	5	6	7	8
领导性别	0.35	0.48	—							
领导年龄	1.84	0.81	−0.06	—						
团队年龄	0.76	1.02	−0.31**	0.01	—					
团队大小	7.18	1.59	0.18	−0.01	0.06	—				
CCBO	3.89	0.57	−0.13	−0.04	−0.08	0.03	(0.93)			
CCBI	3.83	0.37	0.00	−0.15	0.01	−0.01	0.52**	(0.92)		
AQ	1.81	0.38	0.42**	0.03	−0.13	0.02	−0.44**	−0.24**	(0.89)	
JX	1.89	0.41	0.29**	0.02	−0.26*	0.16	−0.28**	−0.30**	0.44**	(0.85)

注：$N = 115$。
Spearman's Correlation Significant；** 代表 $p < 0.01$；* 代表 $p < 0.05$。
CCBO 表示指向组织的强制性组织公民行为；CCBI 表示指向个体的强制性组织公民行为；AQ 表示团队心理安全；JX 表示团队绩效。
括号内为各个变量的信度系数 α 值。

从中可见,指向组织的强制性组织公民行为与团队心理安全($r = -0.44, p < 0.01$)和团队绩效($r = -0.28, p < 0.01$)显著相关;员工指向个体的强制性组织公民行为与团队心理安全($r = -0.24, p < 0.01$)和团队绩效($r = -0.30, p < 0.01$)也显著相关;团队心理安全与团队绩效行为($r = 0.44, p < 0.01$)的相关关系亦显著。这为本研究进一步论证研究假设提供了一定依据,也表明,变量之间的同步变化具有统计学意义,可以进一步进行相关分析以检验变量之间的因果关系。

3. 假设验证

(1) 假设四(直接效应)的检验

假设4提出强制性组织公民行为对团队绩效具有显著的负向影响,表6-21中的层次线性回归分析结果支持了这一假设。由表6-21可知,在控制了团队领导的性别、年龄和团队的年龄、大小等变量之后,指向组织的强制性组织公民行为($\beta = -0.28, p < 0.01$)和指向个体的强制性组织公民行为($\beta = -0.30, p < 0.01$)均与团队绩效显著负相关。本研究的假设4a和4b均得到数据支持。

(2) 假设五(中介效应)的检验

本研究仍然按照Baron和Kenny(1986)[160]所建议的方法对假设五中的中介效应进行验证,结果见表6-21。由表6-21中的层次线性回归分析结果可知,指向组织的强制性组织公民行为($\beta = -0.40, p < 0.01$)和指向个体的强制性组织公民行为($\beta = -0.24, p < 0.01$)均与团队心理安全显著负相关,中介效应的条件1得到满足;指向组织的强制性组织公民行为($\beta = -0.28, p < 0.01$)和指向个体的强制性组织公民行为($\beta = -0.30, p < 0.01$)均与团队绩效显著负相关,条件2得到满足;团队心理安全与团队绩效($\beta_{CCBO} = 0.32, p < 0.01; \beta_{CCBI} = 0.33, p < 0.01$)显著正相关,条件3也得到满足。在加入中介变量(团队心理安全)后,指向组织的强制性组织公民行为对团队绩效的影响系

表6-21 团队心理安全对强制性组织公民行为与团队绩效之间中介作用的回归分析结果

变量	JX为因变量(β) step1	step2	JX为因变量(β) step1	step2	AQ为因变量(β) step1	step2	AQ为因变量(β) step1	step2
控制变量								
领导性别	0.15	0.03	0.20*	0.06	0.44**	0.36**	0.44**	0.44**
领导年龄	0.02	0.01	−0.01	−0.02	0.06	0.04	0.06	0.02
团队年龄	−0.24**	−0.23**	−0.20*	−0.21*	0.01	−0.04	0.01	0.01
团队大小	0.15	0.16	0.13	0.15	−0.06	−0.04	−0.06	−0.06
自变量								
CCBO	−0.28**	−0.15						
CCBI			−0.30**	−0.22*		−0.40**		−0.24**
中介变量								
AQ		0.32**		0.33**				
R^2	0.21	0.28	0.22	0.30	0.18	0.34	0.18	0.24
ΔR^2	0.21**	0.07**	0.22**	0.09**	0.18**	0.15**	0.18**	0.06**
F	5.78**	6.97**	6.07**	7.82**	6.18**	10.96**	6.18**	6.85**
ΔF	5.78**	10.43**	6.07**	13.17**	6.18**	24.74**	6.18**	7.94**
dfs	5 109	6 108	5 109	6 108	4 110	5 109	4 110	5 109

注：$N = 115$。
** 代表 $p < 0.01$；* 代表 $p < 0.05$。
β = 标准性回归系数；dfs = 自由度。
CCBO表示指向组织的强制性组织公民行为；CCBI表示指向个体的强制性组织公民行为；AQ表示团队心理安全；JX表示团队绩效。

数($\beta = -0.15, ns$)变为不显著。因此,团队心理安全在指向组织的强制性组织公民行为与组织公民行为之间起着完全中介的作用,假设5a得到数据的完全支持。同时,在加入中介变量(团队心理安全)后,指向个体的强制性组织公民行为与团队绩效($\beta = -0.22, p < 0.05$)依然显著相关,但关系显著地减弱。因此,团队心理安全在指向组织的强制性组织公民行为与组织公民行为之间起着部分中介的作用,假设5b得到数据的部分支持。

为进一步检验中介模型的显著性,本研究按照Preacher和Hayes(2004)[161]对于间接效应的检验方法,对本研究中的中介模型进行Sobel检验和拔靴法估计,相关结果见表6-22。由表6-22可知,Sobel检验的结果验证了团队心理安全在指向组织的强制性组织公民行为(Effect size $= -0.13$, Sobel $Z = -3.22, p < 0.01$)和指向个体的强制性组织公民行为(Effect size $= -0.10$, Sobel $Z = -2.25, p < 0.05$)与团队绩效之间关系的中介作用。拔靴法估计的结果也支持了这一结论,指向组织的强制性组织公民行为对团队绩效的间接效应在95%置信水平下的

表6-22 团队心理安全对强制性组织公民行为与组织公民行为之间中介作用的检验结果

因变量	检验项目	Effect size	SE	z	p	dfs	LL 95% CI	UL 95% CI
CCBO	Sobel检验结果	−0.13	0.04	−3.22	0.00	2 112	−0.20	−0.05
	Bootstrap结果	−0.13	0.04	−3.21	0.00	2 112	−0.21	−0.05
CCBI	Sobel检验结果	−0.10	0.05	−2.25	0.02	2 112	−0.19	−0.01
	Bootstrap结果	−0.10	0.04	−2.24	0.02	2 112	−0.19	−0.03

注:$N = 115$。
$SE =$ 标准误差;$dfs =$ 自由度;Effect size $=$ 效应值。
CCBO表示指向组织的强制性组织公民行为;CCBI表示指向个体的强制性组织公民行为;AQ表示团队心理安全;JX表示团队绩效。
拔靴样本$= 5\ 000$。
LL $=$ 下限值;CI $=$ 修正偏差后的置信区间;UL $=$ 上限值。

置信区间为(－0.21＜－＞－0.05),指向个体的强制性组织公民行为对团队绩效的间接效应在95%置信水平下的置信区间为(－0.19＜－＞－0.03),均不包含0。综合以上分析,假设5得到了数据支持。

6.5 验 证 结 果

综合以上的分析验证,结果如表6－23所示:

表6－23 本部分的研究假设验证结果

研究假设	假 设 内 容	验证结果
假设1	假设1a:员工指向组织的强制性组织公民行为对组织公民行为具有显著的负向影响	支持
	假设1b:员工指向个体的强制性组织公民行为对组织公民行为具有显著的负向影响	支持
假设2	假设2a:组织认同在员工指向组织的强制性组织公民行为与组织公民行为之间起中介作用	完全支持
	假设2b:组织认同在员工指向个体的强制性组织公民行为与组织公民行为之间起中介作用	完全支持
假设3	假设3a:互动公平对员工指向组织的强制性组织公民行为与组织公民行为之间的关系具有显著的调节作用,即在低互动公平中,他们之间呈显著的负相关关系;而在高互动公平中,相关关系不显著	支持
	假设3b:互动公平对员工指向个体的强制性组织公民行为与组织公民行为之间的关系具有显著的调节作用,即在低互动公平中,他们之间呈显著的负相关关系;而在高互动公平中,相关关系不显著	支持
假设4	假设4a:指向组织的强制性组织公民行为对团队绩效具有显著的负向影响	支持
	假设4b:指向个体的强制性组织公民行为对团队绩效具有显著的负向影响	支持

续 表

研究假设	假　设　内　容	验证结果
假设 5	假设 5a：团队心理安全在指向组织的强制性组织公民行为与团队绩效之间起中介作用	完全支持
	假设 5b：团队心理安全在指向个体的强制性组织公民行为与团队绩效之间起中介作用	部分支持

6.6　本 章 小 结

本章通过实证分析的方法分别从个体和团队两个层次研究了强制性组织公民行为对其结果变量的影响机制。

首先,基于文献研究和理论推演,本研究在个体层次构建了强制性组织公民行为对员工组织公民行为影响的理论模型。同时,采纳经典的 IPO 团队研究模型,本研究在团队层次构建了强制性组织公民行为对团队绩效影响的理论模型。

其次,基于理论模型分析提出研究假设,形成研究的假设树。

第三,结合实际调研结果通过描述性统计、信度分析、验证性因子分析、聚合分析、相关分析、层次线性回归和 Sobel 检验等方法对研究假设进行了验证。

第7章
研究结论与研究展望

7.1 本研究的主要结论

组织公民行为一直被认为是员工"心甘情愿"而为之,但随着现实中"被加班"、"被捐款"等现象的不断出现,越来越多的研究证实强制性组织公民行为(即"被迫无奈"的组织公民行为)在组织中同样普遍存在,而且会对员工和组织产生负面影响。但从理论层面来讲,作为一个新的研究领域,强制性组织公民行为的研究尚处于起步阶段,在概念、结构、测量、影响因素、形成路径和影响等方面均有待深入探讨。从现实层面来讲,一方面,本书选择研究强制性组织公民行为,除了因为它是目前学术界的新领域之外,还因为它与中国文化的某些契合性。例如,自古以来,"小不忍则乱大谋"(《论语·卫灵公》)、"忍所私以行大义"(《吕氏春秋·去私》)等俗语就告诉我们要避免正面冲突,忍受屈辱以求保全整个大局。另一方面,组织决策者明明知道"强扭的瓜并不一定甜",但强制行为却仍在组织中普遍存在。例如,被加班、被捐款、被退休、被和谐等问题形成了我国组织中独特的"被"现象,而因这些行为给组织带来严重后果的案例也屡见不鲜。基于此,本研究在系统整合组织公民行为和强制性组织公民行为等研究成果的基础上,通过文献分析、定性研究和实证研究等方法,探讨了中国背景下强制性组织公民行为的结构、测量、动因与结果等问题,得到了以下主要结论。

7.1.1　强制性组织公民行为的结构及测量研究的相关结论

1. 中国背景下强制性组织公民行为的概念界定

本研究从行为主体、行为客体、行为性质和行为结果四个方面对强制性组织公民行为的内涵进行了界定,即行为主体因为不得不表现出领导或组织所期望的职外行为而形成的一种带有强制性感受的组织公民行为。具体而言,行为主体是指遭受公民行为压力的组织成员;行为客体是指强制性组织公民行为的作用对象,例如,组织本身、组织成员、组织内的有形财产以及成员名誉、组织品牌和企业公众形象等无形资产;行为性质主要体现在主观性、被迫性、持续性和动机性等方面;行为结果是指该行为必须在主观或客观上给行为主体或行为客体带来了消极影响,即使这种影响可能并不严重,即使行为主体并未由此受到有形处罚,也没有受到舆论或良心的无形谴责。

2. 中国背景下强制性组织公民行为的构思维度

通过半结构化问卷、深度访谈以及借鉴国内外相关研究成果,本研究提炼出两大类强制性组织公民行为:指向个体的强制性组织公民行为和指向组织的强制性组织公民行为。其中,指向个体的强制性组织公民行为指那些与人际互动、帮助同事及协助上司等有关的强制性组织公民行为;指向组织的强制性组织公民行为指那些与工作绩效、自我学习及组织发展等有关的强制性组织公民行为。

3. 中国背景下强制性组织公民行为的测量问卷

通过对强制性组织公民行为的描述项目进行归类、分析、问卷开发、问卷试测、项目分析、信度分析、探索性因子分析和问卷修订等程序,本研究开发了包含两个维度 12 个题目的强制性组织公民行为问卷。进一步的验证性因子分析表明,强制性组织公民行为的二维结构拟合较好,二维结构分别为:指向组织的强制性组织公民行为和指向个体的强制性组织公民行为,每个维度均由 6 个项目测量。所有题目均采用员工自评的方式进行,问卷评价方式采用里克特量表进行评价,1~5 表示题目从"完全不符合"到"完全符合"的不同程度,得分越高表示在该变量或维度上的水平越高。研究结果表明,员工强制性组织公民行为问卷可以作为未来的基本研究工具。

7.1.2 强制性组织公民行为的动因研究的相关结论

1. 中国背景下强制性组织公民行为的影响因素

首先,本研究基于扎根理论的方法对强制性组织公民行为的影响因素进行了探索性研究,通过开放式编码、主轴编码和选择式编码等三级编码过程,提出了一个以核心范畴"中国背景下强制性组织公民行为影响因素"为中心,涵盖 3 个主范畴、24 个正式范畴和 192 个初步概念的体系结构(即指向组织外生情境的公民压力、指向组织内生情境的公民压力、指向员工个体感知的公民压力)。

其次,通过对该影响因素体系和研究资料的进一步分析,本研究从信息收集过程、预评估过程和行为决策过程三阶段探讨了员工强制性组织公民行为的形成过程,并基于此构建了员工强制性组织公民行为形成路径的全模型。

2. 中国背景下强制性组织公民行为的形成路径

本研究基于员工强制性组织公民行为形成路径的全模型,从个体心理安全认知的视角,构建上司辱虐管理对员工强制性组织公民行为影响的理论模型,并结合实际调研结果通过统计分析进行实证验证,得到了以下主要结论。

(1) 上司辱虐管理与员工强制性组织公民行为显著正相关

根据本研究的研究结果,辱虐管理与员工的强制性组织公民行为显著正相关。上司的辱虐管理水平越高,下属表现出的指向组织的强制性组织公民行为越多;上司的辱虐管理水平越高,下属表现出的指向个体的强制性组织公民行为也越多。这充分验证了 Zellars 等(2002)[54]、Tepper 等(2004)[55]以及 Vigoda-Gadot(2006,2007)[9-10]等研究者的推论,表明上司的辱虐管理可以有效预测员工的强制性组织公民行为。在当前的中国情境下,企业的竞争在不断加剧,管理者不得不面对提高组织效率的压力,这就使管理者可能通过所有的方式,甚至采用诸如辱虐、剥削等强制性手段来提高员工的职外绩效以获取竞争优势。遭受上司不当对待的下属会感觉到,除非接受上司的公民期望并承担这些公民活动,否则可能会危及自己的工作职位或组织地位。但此时的公民行为并不是个体的自愿性选择,带有很大的强迫性,从而形成强制性组织公民行为。

(2) 心理安全感在上司辱虐管理与员工强制性组织公民行为之间起中介作用

本研究还进一步探讨了辱虐管理对强制性组织公民行为影响效应的内在心理机制。研究结果表明,心理安全感对于辱虐管理与员工指向组织的强制性组织公民行为及指向个体的强制性组织公民行为之间的关系均具有完全中介作用。虽然现有研究中对于辱虐管理与强制性组织公民行为之间关系的实证证据比较匮乏,但学界仍然认可两者之间的正相关关系。然而已有研究主要聚焦于两者的直接关系,极少关注到辱虐型领导对强制性组织公民行为的作用过程。因此,本研究的这一结论丰富了辱虐管理对强制性组织公民行为影响过程的研究。

根据社会交换理论及互惠原则,一方遭受另一方的不当对待时,应会回以相同的行为。然而由于上司-下属关系中的权力差异,下属直接报复上司显然是不可能的或不可行的,只能转而寻求其他的可行方式来发泄不满,如强制性组织公民行为(Lord,1998)[200]。在我国这种历来注重等级制度的文化背景中更是如此。同时,上司作为组织的象征和代理人,其行为表现、传递的直接信息或微妙的潜意识情感信号都会深刻影响下属的自我概念认知(Lord 和 Brown,2001)[201]。上司持续的不友好会向下属表达敌意和威胁的信号,一方面向下属表明即使是诚实、正直的行为也可能会带来对个人的危险性;另一方面,这些消极的信号被下属整合到自我概念中,进而显著降低员工的心理安全感。一般来说,个体会积极参与那些能最大化实践自我认知的行为(Korman,1970)[202]。为了和这些消极的自我概念保持一致,他们就没有动力参与更多的组织公民行为。如果顾及近期的或者远期的个人利益的损失而不得不承担这些公民活动时,他们就会更倾向于做一个"好演员",表现出强制性组织公民行为。

(3)传统性显著调节辱虐管理通过心理安全感影响员工强制性组织公民行为的中介作用

除了探讨心理安全感在辱虐管理与员工强制性组织公民行为关系中的中介作用,本研究还探讨了传统性对该中介作用的调节效应,即本研究的"被调节的中介效应模型"(moderated mediation model)。研究结果表明,传统性显著调节辱虐管理通过心理安全感影响员工指向组织的强制性组织公民行为及指向个体的强制性组织公民行为的中介作用,即对低传统性的员工而言,他们之间的中介作用显著;而对高传统性的员工而言,他们之间的中介作用不显著。这一结论丰富了辱虐管理与员工强制性组织公民行为之间的调节机制。而且更为重要的是,本研究通过构建和验证"被调节的中介效应模型",考察了上司辱虐管理对员工强制性组织公民行为的作用机制,与原来单一研究中介作用或调节作用的方法相比,能够更全面、更系统地考察中介变量和情境变量的综合作用过程。因此,本研究考察包含心理安全感的中介作用和传统性的调节作用的"被调节的中介效应模型",将有助于我们更加全面地考察辱虐管理对员工强制性组织公民行为的作用机制。

7.1.3 强制性组织公民行为的结果研究的相关结论

本研究基于文献研究和理论推演,分别从个体层次和团队层次构建了强制性组织公民行为对员工行为态度和团队绩效影响的理论模型,并结合实际调研结果通过统计分析进行实证验证,得到了以下主要结论。

1. 个体层次的强制性组织公民行为对组织公民行为的影响机制

(1) 强制性组织公民行为对员工的组织公民行为具有显著的负向影响

根据本研究的研究结果,个体层次的强制性组织公民行为与员工的组织公民行为显著负相关。其中,员工指向组织的强制性组织公民行为水平越高,其表现出的组织公民行为越少;员工指向个体的强制性组织公民行为水平越高,其表现出的组织公民行为也越少。这再次验证了Vigoda-Gadot(2006,2007)[9-10]等研究者的结论,表明中国背景下强制性组织公民行为同样可以有效预测员工的组织公民行为。因此,本研究将强制性组织公民行为对组织公民行为的影响进一步拓展到中国情境之中,从跨文化视角加强了此类实证经验证据。

(2) 组织认同在强制性组织公民行为与组织公民行为之间起中介作用

本研究还进一步探讨了个体层次的强制性组织公民行为对组织公民行为影响效应的中介机制。研究结果表明,组织认同对于员工指向组织的强制性组织公民行为及指向个体的强制性组织公民行为与组织公民行为之间的关系均具有完全中介作用。尽管现有文献已经从理论和实证上探讨了强制性组织公民行为与组织公民行为的联系,但是很少有经验研究关注强制性组织公民行为对组织公民行为的影响过程。

本研究发现,强制性组织公民行为会削弱员工的组织认同感,而组织认同感的降低势必引起员工心理与行为发生显著的变化。Bergami 和 Bagozzi(2000)[173]的研究表明,组织认同会对组织承诺和基于组织的自尊产生显著影响,并通过两者进而对组织公民行为的五个维度产生显著影响。Dukerich 等(2002)[106]的研究也证明,组织认同显著影响组织公民行为。由此可以看出,组织认同是组织公民行为的重要影响因素。强制性组织公民行为削弱员工组织认同感,而组织认同感的降低又对组织公民行为产生负面影响,正如本研究所得出的"组织认同中介强制性组织公民行为对员工组织公民行为的作用"的结论。因此,本研究的这一结论丰富了强制性组织公民行为对组织公民行为影响过程的研究。

(3)互动公平在强制性组织公民行为与组织公民行为之间起调节作用

本研究在中国这样"关系导向"的社会背景下,强制性组织公民行为与组织公民行为的关系还可能会受到下属感知到的互动公平程度的影响。本研究发现,互动公平对员工指向组织强制性组织公民行为及指向个体的强制性组织公民行为与组织公民行为之间的关系均具有显著的调节作用,即在低互动公平中,他们之间呈显著的负相关关系;而在高互动公平中,相关关系不显著。互动公平体现了领导或组织与员工开展良性互动的"人治"方式,且具有启动效应(Lind 等,2001)[22]。在高互动公平中,不管强制性组织公民行为感受高或低,个体都会倾向于认为领导或组织在努力承担责任,并且容易被这种真诚的沟通方式所打动,而不会轻易降低自己的努力程度;在低互动公平中,因为领导的偏见和欺骗,员工会倍感沮丧,进而加强强制性组织公民行为感受对组织公民行为的负向影响(Masterson 等,2000)[203]。正如本研究所得出的"互动公平调节强制性组织公民行为对员工组织公民行为的作用"的结论。因此,这一结论丰富了强制性组织公民行为与组织公民行为之间的调节机制,这种作用机制的发现也为强制性组织公民行为领域的研究贡献了新的知识。

2. 团队层次的强制性组织公民行为对团队绩效的影响机制

(1) 团队层次的强制性组织公民行为对团队绩效具有显著的负向影响

根据本研究的研究结果,团队层次的强制性组织公民行为与团队绩效显著负相关。其中,指向组织的强制性组织公民行为水平越高,团队的绩效水平越低;指向个体的强制性组织公民行为水平越高,团队的绩效水平也越低。尽管强制性组织公民行为对员工态度和行为影响的研究丰富,但从团队层次探索其影响作用的研究却十分有限。因此,本研究将强制性组织公民行为引入团队研究领域,发现强制性组织公民行为对团队绩效产生负面的影响,这对深化强制性组织公民行为理论具有重要的价值。

(2) 团队心理安全在强制性组织公民行为与团队绩效之间起中介作用

本研究还进一步采纳经典的 IPO 团队研究模型,将强制性组织公民行为融入该经典框架,在团队层次探索了强制性组织公民行为对团队绩效的影响及作用机制。研究结果表明,团队心理安全对于指向组织的强制性组织公民行为与团队绩效之间的关系具有完全中介作用;而对于指向个体的强制性组织公民行为与团队绩效之间的关系具有部分中介作用。

本研究还发现,团队层次的强制性组织公民行为会降低团队心理安全,而团队心理安全又是团队绩效的重要影响因素。Edmondson(1999)[136]在研究团队心理安全感时将其作为改善团队学习行为的有效因素。Burke(2006)[204]认为团队心理安全感可以促进团队创新。陈国权等(2008)[189]研究发现团队心理安全通过团队学习总体能力影响团队绩效。Faraj 和 Yan(2009)[188]也证明了团队心理安全对团队绩效的正向影响。由此可以看出,团队层次的强制性组织公民行为会造成团队心理不安全感,团队心理不安全感又对团队绩效产生负面影响,正如本研究所得出的"团队心理安全中介强制性组织公民行为对团队绩效的作用"的结论。因此,本研究将强制性组织公民行为与团队研究相结合,对于团队层次的强制性组织公民行为对团队绩效影响效应的中介机制的探讨,不仅为强制性组织公民行为领域贡献了新的知识,也可以说是将强制性组织公民行为的研究更进了一步,相信对强制性组织公民行为相关理论的发展具有一定的促进作用。

7.2 实践启示:针对员工强制性组织公民行为的干预对策

由于员工的强制性组织公民行为会对员工本身及团队造成消极影响,甚至影响企业的平稳运行,带来巨大损失。所以,本研究的现实意义在于从强制性组织公民行为的内涵、动因及影响等视角,指导中国企业的领导者如何去有效抑制员工的强制性组织公民行为,以及干预强制性组织公民行为的危害。根据论文中的理论分析和实证检验结果,本研究从预防机制、阻断机制,以及调控机制三个方面探讨强制性组织公民行为的干预对策,并将干预过程划分为预防、阻断、调控等不同的阶段,针对不同阶段的特点采取不同的措施与策略,而且注重将不同的干预模式、支持资源加以整合,旨在使干预的效果达到最佳水平。

7.2.1 预防阶段:针对强制性组织公民行为产生初期的预防机制

强制性组织公民行为干预对策的第一个阶段是预防阶段,即针对强制性组织公民行为产生初期的预防机制,主要体现在企业要充分认识组织公民行为的"双刃剑"性质,同时通过建立员工个性特征和历史行为档案对不同个性的员工实施差异化管理。

(1) 企业要充分认识组织公民行为的"双刃剑"性质

学界普遍认为员工的组织公民行为不仅是企业平稳运行的重要保证,而且也是提高企业生产能力和竞争优势的关键因素。但是本研究发现,作为组织公民行为的"阴暗面",西方背景下的强制性组织公民行为在中国组织中不仅同样存在,而且会对员工的组织公民行为和团队绩效产生负面的影响。因此,我国企业的相关管理者应该充分认识组织公民行为的"双刃剑"性质。一方面,管理者应该识别和培养健康的组织公民行为,对员工工作生活质量进行监控,使组织公民行为发挥更多的积极作用;另一方面,对于强制性组织公民行为,管理者应透彻分析、找出背后的机制,根据不同的情况对员工进行心理的疏导或对岗位重新设计,帮助员工朝着健康组织公民行为发展。

(2) 企业要明晰员工的价值取向——传统性

本研究还发现,对于具有不同传统性的员工而言,上司辱虐管通过心理安全感对员工强制性组织公民行为的影响程度是有差异的。所以,企业要明晰下属对于传统性的倾向性。

一方面,企业管理者应该通过一定的测量手段定期明晰下属的传统性倾向,并收录进企业人力资源管理数据库,旨在对不同倾向性的员工实行差异化管理。具体地,对于低传统性的员工而言,上司要注意通过授权、沟通等方式培育其对等感知,从而阻碍这部分人强制性组织公民行为的形成;对于高传统性的员工而言,上司要注意通过关怀、培训等方式激发其回报感知,从而减少这部分人的强制性组织公民行为。同时,也要通过培训、疏导、激励等方式弱化高传统性员工的文化倾向,使其愿意承担更多的工作责任,从而为保护组织利益、维护组织和谐等贡献更多的力量。

另一方面,企业要加强核心价值观与管理制度的威信建设,使下属的权威取向不再是遵从上司个人,而是对制度与规范的顺从(汪林等,2009)[6]。同时,还应通过心理疏导和情绪管理等项目加强对不同权威取向的员工的指导和培训,以帮助其更好地适应组织的环境,从而在组织中充分发挥才干。

7.2.2 阻断阶段:针对强制性组织公民行为形成过程的阻断机制

强制性组织公民行为干预对策的第二个阶段是阻断阶段,即针对强制性组织公民行为形成过程的阻断机制,主要体现在减少企业管理的冷暴力,如辱虐管理、职场排斥等,同时通过干预员工的认知加工过程来实现对强制性组织公民行为的阻断。

(1)减少企业管理冷暴力——辱虐管理

本研究显示上司的辱虐管理会降低员工的心理安全感,并进而对下属的强制性组织公民行为产生显著的正向影响。因此,为了有效抑制员工强制性组织公民行为的形成,我国企业的相关管理者应该充分认识到上司辱虐管理的危害性,并有必要在管理实践中采取切实措施以减少辱虐管理的发生。一方面,组织应努力从制度、文化等多方面着手来建立有效的干预机制,如促进和培育谦恭文明的文化氛围、建立员工意见反馈机制以及加强组织上下级之间的沟通等;另一方面,企业人力资源管理实践者应该制定具体对策,如通过测评手段将辱虐管理作为领导业绩考核的参考标准等,从而减少管理者的辱虐管理行为。

(2)形成来自认知加工——关注员工的心理安全感

本研究显示心理安全感是辱虐管理与强制性组织公民行为之间关系的中介变量,提高员工的心理安全感,在很大程度上可以抑制员工强制性组织公民行为的形成。因此,如何通过管理措施提高员工的心理安全感,是摆在企业管理者面前的重要任务。一方面,管理者要在组织内构建一个支持性的、彼此信任的关系结构。不仅要通过多关注员工的心理健康,多关心员工的思想和精神生活,给予他们更深切的关心、体贴和帮助及充分发挥个体的潜能等建立支持性的上下级关系,还要鼓励团队成员之间互相帮助、互相支持和互相信任;另一方面,企业要设置专门的员工心理健康维护部门,注重员工的心理表现,实施员工心理援助计划(Psychological Assistance Program,PAP)以及时开展员工心理疏导,使他们保持明朗、健康的心态。

7.2.3 调控阶段:针对强制性组织公民行为危害效应的调控机制

强制性组织公民行为干预对策的第三个阶段是调控阶段,即针对强制性组织公民行为危害效应的调控机制。该机制涉及个体应对与外部支持的相互结合,即企业应努力从制度、文化等多方面着手来建立有效的调控机制,同时通过改变思维方式,特别是改变非理性的认知和自我否定,对那些处在心理或情绪失衡状态的员工进行干预。

(1) 危害源于认知——关注员工的心理安全和组织认同

本研究显示组织认同感是强制性组织公民行为与组织公民行为之间关系的中介变量,团队心理安全是强制性组织公民行为与团队绩效之间关系的中介变量。提高员工的心理安全感和组织认同感,能够减少强制性组织公民行为对组织公民行为和团队绩效的负向影响。因此,企业管理者在干预员工的强制性组织公民行为时应该注重通过管理措施提高员工的心理安全感和组织认同感。

对于心理安全,具体措施可以参考上文,在此不再赘述。对于组织认同,一方面,管理者要率先垂范、言行一致、树立榜样、体谅下属的疾苦和难处,尽自己所能为下属排忧解难以及给予下属更多的体恤关爱;另一方面,组织要努力做到"明理述规"和"赏罚分明",例如,通过反面案例学习加深员工的制度理解、树立正面榜样、通过培训为员工说明规章制度、及时公布奖惩结果并做到公平公正等。

同时,指向个体的强制性组织公民行为对团队绩效除了产生间接影响外,还存在直接影响。这项结果应引起管理者的重视,仅仅提高团队心理安全,未必能完全减少强制性组织公民行为对团队绩效的影响。双管齐下,实为上策。

(2) 开展良性互动的"人治方式"——互动公平

研究结果还启示我们:互动公平对强制性组织公民行为与组织公民行为之间的负向关系起着重要的调节作用。如果组织认同水平不能在短时间内得以提高的话,可以通过管理者更加主动和专业的工作来提升互动公平,增强员工的回报义务,从而缓冲强制性组织公民行为对员工组织公民行为表现的负向影响。因此,企业要善于为员工营造一种互动公平的感知。具体地,上司要提供给下属更多的公平信号,如在执行程序或决定结果时,上级对待下属要彬彬有礼、要充分考虑到对方的尊严,并给以相应的尊重;同时,也要给当事人传达应有的信息,即要给当事人提供一些解释,如为什么要用某种形式的程序或为什么要用某种特定的方式去分配结果,等等,这就会使员工的自我价值感知和被尊重感知得到满足,倾向于把自己视为"圈内人",驱使员工改善工作态度与行为,以回报领导对他们事业发展的支持。

7.3 研究局限与研究展望

本研究探讨了中国背景下强制性组织公民行为的概念、结构、测量、影响因素、形成路径与结果等问题。在理论上丰富了既有研究,也为我国企业管理者提供了一些实践启示。但和所有研究一样,本研究仍然存在一些局限性,需要在未来的研究中进一步地完善和充实。

第一,模型测量数据的采集可以跨时间设计。

由于笔者本身时间和精力所限,本研究采用的是横截面(Cross-section)的研究设计,而横截面数据在变量间因果关系的检验上存在一定的局限。事实上,上司辱虐管理通过心理安全感影响强制性组织公民行为,个体层次的强制性组织公民行为通过组织认同感影响组织公民行为,以及团队层次的强制性组织公民行为通过团队心理安全影响团队绩效等的过程是有一定的作用时间的,尽管本研究的研究结果与理论假设相一致,但是跨截面设计也可能出现其他的研究结论。因此,未来的研究可以采取纵向的研究设计(Longitudinal),即在收集相关前因及中介变量(如辱虐管理、心理安全感和组织认同感)的数据之后间隔一段时间,再测量结果变量(如组织公民行为、团队绩效等)。这将会使得相关变量之间的因果关系更具说服力。

第二,强制性组织公民行为的测量可以进一步完善。

一方面,本研究借鉴 Vigoda-Gadot(2007)[9]的做法,采用员工自评的方式来测量强制性组织公民行为。但个体自评所得结果可能会受到宽大效应(Lenient Bias)等偏差的影响。未来的研究可以尝试同时从目标员工与观察者(上司或同事)两方面来收集数据,然后将不同来源的信息加以整合,以得出个体强制性组织公民行为更为客观的评定结果。另一方面,本研究仅是通过标准化的问卷调查方式获得对中国组织情境中强制性组织公民行为的理解的,虽然本研究的假设基本得到了数据支持,但是强制性组织公民行为的 12 个项目能否完全反映其在中国组织中的内容?这是否是以牺牲理论深度、削弱中国特色为代价的?出于该目的,未来的研究应该基于更严谨的"扎根"研究范式,从组织中所表现出来的具体定性资料出发,紧扣中国组织现实、明确问题并进行实证检验,相信会得到更多有益的结论。

第三,需要避免社会赞许性(Social Desirability)的影响。

已有研究表明,强制性组织公民行为、组织公民行为等易受社会赞许性的影响,并且可能影响测量的信度与效度,应该在研究中加以控制。所谓社会赞许性是被调查者的一种反应偏差,指某一行为是社会一般人所希望、期待、接受的(Paulhus,2002)[205]。大多数人越喜欢的行为,其社会赞许性也越高。虽然本研究在数据搜集中尽力做到对社会赞许性影响的控制,而且本研究的实证研究结果与理论假设基本一致,但仅仅事前控制还难以完全规避社会赞许性的影响。所以未来研究可以结合事后控制技术,如协变量技术(Covariate Techniques)或者直接测量社会赞许性程度进行分数的校正等,来进一步控制社会赞许性的影响。

第四,需要控制个体主观性的影响。

本研究基于扎根理论方法在进行强制性组织公民行为影响因素体系的探索性分析过程中,需要对研究资料进行编码单元确定、开放式编码、主轴编码和选择式编码等分析,难免存在选择性记忆、表达差异和主观臆断等现象,这些进而可能会对研究效度产生一定的影响。因此,未来研究应该通过增加原始资料以及不断的反复论证和证伪的方法来进一步提高研究效度,改进研究结论。

第五,研究模型可以进一步地拓展和细化。

在对员工强制性组织公民行为形成路径的研究中,本研究探讨了辱虐管理通过心理安全感的中介作用和传统性的调节作用对强制性组织公民行为的影响机制。为了获得更加丰富的结论,可以考虑基于员工强制性组织公民行为形成路径的全模型对现有模型进行进一步的扩展,如在自变量中引入其他领导风格、上下级关系和公民行为压力等变量,在中介变量中引入角色模糊和角色超载等变量,在调节变量中引入员工特质和组织公民氛围等变量,以进一步地研究员工强制性组织公民行为的形成机制。

另外，在对强制性组织公民行为影响机制的研究中，本研究分别探讨了个体层次的强制性组织公民行为通过组织认同感的中介作用和互动公平感的调节作用对员工组织公民行为的影响机制，以及团队层次的强制性组织公民行为通过团队心理安全的中介作用对团队绩效的影响机制。但在假设提出和实证验证时并没有细化到结果变量下面的子维度在理论模型中的作用。虽然在整体上也取得了很多有意义的成果，但也会因为细化因素实证分析的缺乏而忽略一些重要关系。当然，由于篇幅所限，不可能把所有的关系全部研究，但希望在后续的研究中可以进一步细化到组织公民行为和团队绩效等结果变量的多维度、多层面和多对象，以进一步研究员工强制性组织公民行为的影响机制。

参考文献

[1] 郭晓薇,严文华. 国外反生产行为研究述评[J]. 心理科学,2008,31(4):936 - 939.

[2] Ilgen D R, Pulakos E D. Introduction:Employee performance in today's organizations[J]. Pulakos(Eds.),The changing nature of performance. San Francisco:Jossey-Bass,1999:1 - 20.

[3] Organ D W. Organizational citizenship behavior:The good soldier syndrome [M]. Lexington,MA:Lexing ton Books,1988.

[4] Farh J L,Earley P C,Lin S C. Impetus for action:a cultural analysis of justice and organizational citizenship behavior in chinese society[J]. Administrative Science Quarterly,1997,42(3):421 - 444.

[5] Podsakoff P M,MacKenzie S B,Paine J B,et al. Organizational citizenship behaviors:A critical review of the theoretical and empirical literature and suggestions for future research[J]. Journal of Management,2000,26:513 - 563.

[6] 汪林,储小平,倪婧. 领导—部属交换、内部人身份认知与组织公民行为:基于本土家族企业视角的经验研究[J]. 管理世界,2009(1):97 - 107,188.

[7] 武欣,吴志明,张德. 组织公民行为研究的新视角[J]. 心理科学进展,2005,13(2):211 - 218.

[8] 张建卫,刘玉新.反生产行为的理论述评[J].学术研究,2008(12):80-90.

[9] Vigoda-Gadot E. Redrawing the Boundaries of OCB? An Empirical Examination of Compulsory Extra-role Behavior in the Workplace[J]. Journal of Business and Psychology,2007,21(3):377-405.

[10] Vigoda-Gadot E. Compulsory citizenship behavior in organizations: Theorizing some dark sides of the good soldier syndrome[J]. Journal for the Theory of Social Behavior,2006,36(1):77-93.

[11] Luthans F,Peterson S J,Ibrayeva E. The potential for the dark side of leadership in post-communist countries[J]. Journal of World Business,1998,33:185-202.

[12] 高日光.破坏性领导会是组织的害群之马吗?——中国组织情景中的破坏性领导行为研究[J].管理世界,2009(9):124-132,147.

[13] Blau P M. Exchange and power in social life[M]. New York:Wiley,1964.

[14] Liden E C,Graen G B. Generalizability of the Vertical Dyad Linkage Model of Leadership[J]. Academy of Management Journal,1980,23:451-465.

[15] Gerstner C R,Day D V. Meta-analytic Review of Leader-member Exchange Theory:Correlates and Construct Issues[J]. Journal of Applied Psychology,1997,82:827-844.

[16] Chen Z X,Aryee S. Delegation and employee work outcomes:An examination of the cultural context of mediating processes in China[J]. Academy of Management Journal,2007,50:226-238.

[17] Hofstede G. Culture's Consequences:International Differences in Work-related Values[M]. Newbury Park,CA:Sage,1980.

[18] 翟学伟.中国人行动的逻辑[M].北京:社会科学文献出版社,2001.

[19] Erez M,Earley P C. Culture,self-identity,and work[M]. NY:Oxford University Press,1993.

[20] Preacher K J,Rucker D D,Hayes A F. Addressing moderated mediation hypotheses:Theory,methods and prescriptions[J]. Multivariate Behavioral

Research, 2007, 42: 185-227.

[21] Tajfel H. Social psychology of intergroup relations[J]. Annual Review of Psychology, 1982, 33: 1-39.

[22] Lind E A, Kray L J, Thompson L. Primacy effects in justice judgments: testing predictions from fairness heuristic theory[J]. Organizational Behavior and Human Decision Process, 2001, 85(2): 189-210.

[23] McGrath J E. Groups: Interaction and performance[M]. Englewood Cliffs, NJ: Prentice-Hall, 1984.

[24] Barnard C I. The functions of the executive[M]. Cambridge, Mass: Harvard University Press, 1938.

[25] Thompson J D. Organizations in action[M]. New York: McGrae-Hill, 1967.

[26] Bateman T S, Organ D W. Job satisfaction and the good soldier: The relationship between affect and employee citizenship[J]. Academy of Management Journal, 1983, 26: 587-595.

[27] Katz D, Kahn R L. The social psychology of organizations[M]. New York: Wiley, 1966.

[28] Organ D W. Organizational citizenship behavior: It's construct clean-up time [J]. Human Performance, 1997, 10: 85-97.

[29] Borman W C, Motowidlo S J. Expanding the criterion domain to include elements of contextual performance[J]. Personnel selection in rganizations. San Francisco: Jossey-Bass, 1993: 71-98.

[30] Smith C A, Organ D W, Near J P. Organizational citizenship behavior: Its nature and antecedents[J]. Journal of Applied Psychology, 1983, 68: 655-663.

[31] Williams L J, Anderson S E. Job Satisfaction and Organizational Commitment as Predictors of Organizational Citizenship and In-role Behaviors[J]. Journal of Management, 1991, 17(3): 601-617.

[32] Moorman R H, Blakely G L. Individualism-collectivism as an individual difference predictor of organizational citizenship behavior[J]. Journal of Organizational Behavior, 1995, 16: 127-142.

[33] 林淑姬. 薪酬公平、程式公平与组织承诺、组织公民行为关系之研究[D]. 国立政治大学企业管理研究所博士论文, 1992.

[34] Farh J L, Zhong C B, Organ D W. Organizational citizenship behavior in the People's Republic of China[J]. Organization Science, 2004, 15: 241-252.

[35] Farh J L, Podsakoff P M, Organ D W. Accounting for organizational citizenship behaviour: Leader fairness and task scope versus satisfaction[J]. Journal of Management, 1990, 16: 705-721.

[36] Moorman R H. Relationship between organizational justice and organizational citizenship behaviors: Do fairness perceptions influence employee citizenship?[J]. Journal of Applied Psychology, 1991, 76: 845-855.

[37] Van Dyne L, Graham J W, Dienesch R M. Organizational citizenship behavior: Construct redefinition, measurement and validation[J]. Academy of Management Journal, 1994, 37: 765-802.

[38] Bolino M C. Citizenship and impression management: Good soldiers or Good Actors?[J]. Academy of Management Review, 1999, 24: 82-98.

[39] Eastman K K. In the eyes of the beholder: An attributional approach to ingratiation and organizational citizenship behavior[J]. Academy of Management Journal, 1994, 37: 1379-1391.

[40] Gilbert D T, Silvera D H. Overhelping[J]. Journal of Personality and Social Psychology, 1996, 70: 678-690.

[41] Hui C, Lam S, Law K. Instrumental values of organizational citizenship behavior for promotion: A field quasi-experiment[J]. Journal of Applied Psychology, 2000, 85: 822-828.

[42] Hui C, Law K S, Chen Z X. A structural equation model of the effects of

negative affectivity, leader-member exchange, and perceived job mobility on in-role and extra-role performance: A Chinese case[J]. Organizational Behavior and Human Decision Processes, 1999, 77: 3 - 21.

[43] Podsakoff P M, MacKenzie S B. An examination of substitutes for leadership within a level of analysis framework[J]. Leadership Quarterly, 1995, 6: 289 - 328.

[44] Todd S Y, Kent A. Direct and indirect effects of task characteristics on organizational citizenship behavior[J]. North American Journal of Psychology, 2006, 8(2): 253 - 268.

[45] Piercy N F, Cravens D W, Lane N, et al. Driving organizational citizenship behaviors and salesperson in-role behavior performance: The role of management control and perceived organizational support[J]. Journal of the Academy of Marketing Science, 2006, 34(2): 244 - 262.

[46] Wang H, Law K S, Hackett R. Leader-Member exchange as a mediator of the relationship between transformational leadership and followers' performance and organizational citizenship behavior[J]. Academy of management Journal, 2005, 45(3): 420 - 432.

[47] Walumbwa F O, Avolio B J, Gardner W L, et al. Authentic leadership: development and validation of a theory-based measure[J]. Journal of Management, 2008, 34: 89 - 126.

[48] Schappe S P. The influence of job satisfaction, organizational commitment, and fairness perceptions on organizational citizenship behavior[J]. The Journal of Psychology, 1998, 132: 277 - 290.

[49] Alotaibi G A. Antecedents of organizational citizenship behavior: A study of public personnel in Kuwait[J]. Public Personnel Management, 2001, 30: 363 - 376.

[50] 郭晓薇. 企业员工组织公民行为影响因素的研究[D]. 上海: 华东师范大学博士学位论文, 2004.

[51] 林泉,林志扬.国内组织公民行为研究的进展、问题及研究建议[J].经济管理,2008(15):74-78.

[52] 邹琼,梁小威.基于社会资本视角的组织公民行为的绩效观[J].人类工效学,2008(1):51-53.

[53] 彭正龙,赵红丹.强制性公民行为研究述评[J].外国经济与管理,2010,32(6):46-51.

[54] Zellars K L,Tepper B J,Duffy,M K. Abusive supervision and subordinates' organizational citizenship behavior[J]. Journal of Applied Psychology,2002,87:1068-1076.

[55] Tepper B J,Hoobler J,Duffy M K,et al. Moderators of the relationship between coworkers' organizational citizenship behavior and fellow employees' attitudes[J]. Journal of Applied Psychology,2004,89:455-465.

[56] Rioux S M,Penner L A. The causes of organizational citizenship behavior:A motivational analysis[J]. Journal of Applied Psychology,2001,86(6):1306-1314.

[57] Bolino M C,Turnley W H,Niehoff B P. The other side of the story:Reexamining prevailing assumptions about organizational citizenship behavior[J]. Human Resource Management Review,2004,14(2):229-246.

[58] Allen T D,Rush M C. The effects of organizational citizenship behavior on performance judgments:A field study and a laboratory experiment[J]. Journal of Applied Psychology,1998,83:247-260.

[59] Porpara D V. Four concepts of social structure[J]. Journal for the Theory of Social Behavior,1989,19:195-211.

[60] Morrison E W. Role definition and organizational citizenship behavior:The importance of the employee's perspective[J]. Academy of Management Journal,1999,37:1543-1567.

[61] Tepper B J. Consequences of abusive supervision[J]. Academy of Management Journal,2000,43:178-190.

[62] Tepper B J. Abusive supervision in work organizations: Review, synthesis, and research agenda[J]. Journal of Management, 2007, 33: 261-289.

[63] Rosenfeld P, Gaiacalone R A, Riordan C A. Impression management in organization[M]. NY: Routledge, 1995.

[64] Jones E E, Pittman T S. Toward a General Theory of Strategic Self-presentation[J]. Psychological perspectives of the self. Hillsdale, NJ: Erlbaum, 1982: 231-262.

[65] Kahn R L, Byosiere P. Stress in Organizations. In: Marvin D Kunnette and Leaetta M Hough (Eds.), Handbook of Industrial and Organizational Psychology[J]. Palo Alto, CA: Consulting Psychologists Press, 1992, 3: 571-650.

[66] 仲理峰,周霓裳,董翔,等. 领导—部属交换对领导和部属工作结果的双向影响机制[J]. 心理科学进展,2009,17(5): 1041-1050.

[67] Homans G C. Social behavior as exchange[J]. American Journal of Sociology, 1958, 63: 597-606.

[68] Homans C G. Social behavior: Its elementary forms[M]. New York: Harcourt, Brace & Word, 1961.

[69] Emerson R M. Operant psychology and exchange theory[J]. Behavioral sociology, 1969: 379-405.

[70] 特纳. 社会学理论的结构(上)(邱泽奇等译)[M]. 北京:华夏出版社,2001: 283-284.

[71] Eisenberger R, Huntington R, Hutchisom S, et al. Perceived organizational support[J]. Journal of Applied Psychology, 1986, 71(2): 500-507.

[72] 许百华,张兴国. 组织支持感研究进展[J]. 应用心理学,2005,11(4): 325-329.

[73] 陈志霞,廖建桥. 组织支持感及其前因变量和后果变量研究进展[J]. 人类工效学,2006,12(1): 62-65.

[74] 凌文辁,杨海军,方俐洛. 企业员工的组织支持感[J]. 心理学报,2006,38(2):

281-287.

[75] Settoon R P, Bennett N, Liden R C. Social exchange in organizations: Perceived organizational support, leader-member exchange, and employee reciprocity[J]. Journal of Applied Psychology, 1996, 81: 219-227.

[76] Wayne S J, Shore L M, Liden R C. Perceived organizational support and leader-member exchange: a social exchange perspective[J]. Academy of Management Journal, 1997, 40: 82-111.

[77] Hutchison S. A path model of perceived organizational support[J]. Journal of Social Behavior & Personality, 1997, 12: 159-174.

[78] Shore L M, Tetrick L E. A construct validity study of the survey of perceived organizational support[J]. Journal of Applied Psychology, 1991, 76: 637-643.

[79] Eisenberger R, Armeli S, Rexwinkel B, et al. Reciprocation of perceived organizational support[J]. Journal of Applied Psychology, 2001, 86: 42-51.

[80] George J M, Brief A P. Feeling good-doing good: A conceptual analysis of the mood at work-organizational spontaneity relationship[J]. Psychological Bulletin, 1992, 112: 310-329.

[81] Dansereau F J, Graen G, Haga W J. A Vertical dyad linkage approach to leadership within formal organizations: A longitudinal investigation of the role-making process[J]. Organizational Behavior and Human Performance, 1975, 13(1): 46-78.

[82] Graen G B, Uhl-Blen M. Development of Leader-Member Exchange (LMX) Theory of Leadership Over 25 Years: Applying a Multi-Level Multi-Domain Perspective[J]. Leadership Quarterly, 1995, 6(2): 219-247.

[83] Liden R C, Sparrowe R T, Wayne S J. Leader-member exchange theory: The past and potential for the future[J]. Research in Personnel and Human Resources Management, 1997, 15: 47-119.

[84] Deluga R J, Perry J T. The role of subordinate performance and ingratiation in leader-member exchanges[J]. Group and Organization Management, 1994, 19: 67-86.

[85] 张莹瑞, 佐斌. 社会认同理论及其发展[J]. 心理科学进展, 2006, 14(3): 475-480.

[86] Hogg M A. Social identity, self-categorization, and communication in small groups[J]. Language Matters: Communication, Culture, and Social Identity[M]. Hong Kong: City University of Hong Kong Press, 2004.

[87] Turner, J C. Rediscovering the social group: A self-categorization theory[M]. Oxford: Basil Blackwell, 1987.

[88] 赵志裕, 温静, 谭俭邦. 社会认同的基本心理历程——香港回归中国的研究范例[J]. 社会学研究, 2005(5): 202-223.

[89] Brown R. Social Identity Theory: past achievements, current problems and future challenges[J]. European Journal Social Psychology, 2000, 30: 745-778.

[90] Tajfel H. Differentiation between social groups: Studies in the social psychology of intergroup relations[M]. London: Academic Press, 1978.

[91] Tajfel H, Turner J C. The social identity theory of intergroup behavior[J]. Psychology of Intergroup Relations. Chicago: Nelson Hall, 1986: 7-24.

[92] 李友梅. 重塑转型期的社会认同[J]. 社会学研究, 2007(2): 183-186.

[93] 科尔曼. 社会理论的基础[M]. 邓方, 译. 北京: 社会科学文献出版社, 1990.

[94] Hogg M A, Abrams D. Social identifications: A social psychology of intergroup relations and group processes[M]. London: Routledge, 1988.

[95] Hogg M A, Mullin B A. Joining groups to reduce uncertainty: Subjective uncertainty reduction and group identification[J]. Social identity and social cognition. Oxford, UK: Blackwell, 1999: 249-279.

[96] Brewer M B. The social self: On being the same and different at the same time[J]. Personality and Social Psychology Bulletin, 1991, 17: 475-482.

[97] Solomon S, Greenberg J, Pyszczynski T. A terror management theory of social behavior: The psychological functions of self-esteem and cultural worldview[J]. Advances in Experimental Social Psychology, Vol. 24. San Diego, CA: Academic Press, 1991.

[98] Turner J C. Social categorization and the self-concept: A social-cognitive theory of group behvaiour[J]. Advances in Group Process. Greenwich, CT: JAI, 1985, 2: 77-122.

[99] Ashforth B E, Mael F A. Social identity theory and the organization[J]. Academy of Management Review, 1989, 14(1): 20-39.

[100] O'Reilly C, Chatman J. Organizational commitment and psychological attachment: The effects of compliance, identification, and internalization on prosocial behavior[J]. Journal of Applied Psychology, 1986, 71(3): 492-499.

[101] 宝贡敏,徐碧祥.组织认同理论研究述评[J].外国经济与管理,2006,28(1):39-45.

[102] Albert S, Ashforth B E, Dutton J E. Organizational identity and identification: charting new waters and building new bridges[J]. The Academy of Management Review, 2000, 25(1): 13-17.

[103] Smidts A, Riel C, Pruyn A. The impact of employee communication and perceived external prestige on organizational identification[J]. Academy of Management Journal, 2001, 49(5): 1051-1062.

[104] Mael F, Ashforth B E. Alumni and their alma mater: A partial test of the reformulated model of organizational identification[J]. Journal of Organizational Behavior, 1992, 13(2): 103-123.

[105] 魏钧,陈中原,张勉.组织认同的基础理论、测量及相关变量[J].心理科学进展,2007,15(6):948-955.

[106] Dukerich J M, Golden B R, Shortell S M. Beauty is in the eye of the beholder: The impact of organizational identification, identity, and image

on the cooperative behaviors of physicians[J]. Administrative Science Quarterly,2002,47(3):507-533.

[107] Dick R V, Wagner U, Stellmacher J, et al. The utility of a broader conceptualization of organizational identification: which aspects really matter?[J]. Journal of Occupational and Organizational Psychology, 2004,77(2):171-191.

[108] Elsbach K D. Managing organizational legitimacy in the California cattle industry: The construction and effectiveness of verbal accounts[J]. Administrative Science Quarterly,1994,39(1):57-88.

[109] Scott S G, Lane V R. A stakeholder approach to organizational identity[J]. Academy of Management Review,2000,25(1):43-62.

[110] Peng Z L, Zhao H D. Does organization citizenship behavior really benefit organization? Study on the compulsory citizenship behavior in China[J]. Nankai Business Review International,2012,3(1):75-92.

[111] 张建卫,刘玉新. 企业反生产行为：概念与结构解析[J]. 心理科学进展, 2009,17(5):1059-1066.

[112] Bolino M C, Turnley W H, Gilstrap J B, et al. Citizenship under pressure: What's a "a goodsoldier" to do?[J]. Journal of Organizational Behavior, 2009,31(6),835-855.

[113] Nunnally J C, Bernstein I H. Psychometric theory[M]. New York: McGraw-Hill,1994.

[114] 金瑜. 心理测量[M]. 上海：华东师范大学出版社,2001.

[115] 马庆国. 管理统计：数据获取、统计原理、SPSS工具与应用研究[M]. 北京：科学出版社,2002.

[116] Camman C, Fichman G, Jenkins Jr D, et al. Assessing the attitudes and perceptions of organization members[M]. Assessing Organization Change: A Guide to Methods, Measures and Practices. Wiley-Interscience, New York,1983.

[117] Farh J L, Tsui A S, Xin K, et al. The influence of relational demography and guanxi: The Chinese case[J]. Organization Science, 1998, 9(4): 471-488.

[118] Vandenberg R J, Lance C E. A review and synthesis of the measurement invariance literature: Suggestions, practices, and recommendations for organizational research[J]. Organizational Research Methods, 2000, 3(1): 4-69.

[119] 侯杰泰,温忠麟,成子娟.结构方程式模型及其应用[M].北京:教育科学出版社,2005.

[120] 温忠麟,侯杰泰,张雷.调节效应与中介效应的比较应用[J].心理学报,2005,37(2):268-274.

[121] Hammersley M. The dilemma of qualitative method: Herbert Blumer and the Chicago tradition[M]. London: Routledge, 1989.

[122] Glaser B G, Strauss A L. The discovery of grounded theory: strategies for qualitative research[M]. Chicago: Aldine Publishing Company, 1967.

[123] Pandit N R. The creation of theory: A recent application of the grounded theory method[J]. The Qualitative Report, 1996, 2(4): 1-14.

[124] Sim J, Wright C C. The kappa statistic in reliability studies: use, interpretation, and sample size requirements[J]. Physical Therapy, 2005, 85: 257-268.

[125] Strauss A L, Corbin J M. Basics of Qualitative Research: Grounded Theory Procedures and Techniques [M]. Thousand Oaks: Sage Publications, 1990.

[126] Jacobs B J A. Preliminary model of particularistic ties in Chinese political alliances: Renqing' and 'Guanxi' in a rural Taiwanese township[J]. China Quarterly, 1979, 78: 237-273.

[127] Hoobler J M, Brass D J. Abusive supervision and family under-mining as displaced aggression[J]. Journal of Applied Psychology, 2006, 91(5):

1125 - 1133.

[128] Aryee S, Chen Z X, Sun L Y, et al. Antecedents and outcomes of abusive supervision: Test of atrickle-down model [J]. Journal of Applied Psychology, 2007, 92: 191 - 201.

[129] A ryee S, Sun L Y, Chen Z X, et al. Abusive supervision and contextual performance: The mediating role of emotional exhaustion and the moderating role of work unit structure[J]. Management and Organization Review, 2008, 4: 393 - 411.

[130] Bamberger P A, Bacharach S B. Abusive Supervision and Subordinate Problem Drinking: Taking Resistance, Stress, and Subordinate Personality into Account[J]. Human Relations, 2006, 59(6): 1 - 30.

[131] Tepper B J, Henle C A, Lambert L S, et al. Abusive supervision and subordinates' organization deviance[J]. Journal of Applied Psychology, 2008, 93: 721 - 732.

[132] Avolio B J, Zhu W, Koh W, et al. Transformational leadership and organizational commitment: Mediating role of psychological empowerment and moderating role of structural distance[J]. Journal of Organizational Behavior, 2004, 25: 951 - 968.

[133] 李锐,凌文辁,柳士顺.上司不当督导对下属建言行为的影响及其作用机制[J].心理学报,2009,41(12): 1189 - 1202.

[134] 吴维库,王未,刘军,等.辱虐管理、心理安全感知与员工建言[J].管理学报,2012,9(1): 57 - 63.

[135] Baron R A. Criticism (Informal Negative Feedback) As a source of perceived unfairness in organizations: Effects, mechanisms, and countermeasures[J]. Justice in the Workplace: Approaching Fairness in Human Resource Management. Hillsdale, NJ: Erlbaum, 1993: 155 - 170.

[136] Edmondson A C. Psychological safety and learning behavior in work teams [J]. Administrative Science Quarterly, 1999, 44(2): 350 - 383.

[137] Gregory B T, Osmonbekov T, Gregory S T. Abusive supervision and organizational citizenship behaviors: An examination of potential boundary conditions[J]. Unpublished manuscript, The W. A. Franke College of Business, Northeast Arizona University, Flagstaff, Arizona, 2009.

[138] Kark R, Carmeli A. Alive and creating: The mediating role of vitality and aliveness in the relationship between psycho-logical safety and creative work involvement[J]. Journal of Organizational Behavior, 2009, 30(6): 785-804.

[139] Carmeli A, Brueller D, Dutton J E. Learning behaviours in the workplace: The role of high-quality interpersonal relationships and psychological safety [J]. Systems Research and Behavioral Science, 2009, 26: 81-89.

[140] Walumbwa F O, Schaubroeck J. Leader personality traits and employee voice behavior: Mediating roles of ethical leadership and work group psychological safety[J]. Journal of Applied Psychology, 2009, 94: 1275-1286.

[141] 吴隆增,刘军,刘刚. 辱虐管理与员工表现:传统性与信任的作用[J]. 心理学报,2009,41(6):510-518.

[142] Farh J L, Hhackett R D, Liang J. Individual-level cultural values as moderators of perceived organization supper-employee outcome relationships in China: Comparing the effects of power distance and traditionality[J]. The Academy of Management Journal, 2007, 50: 715-729.

[143] Homstein H A. Brutal bosses and their prey[M]. New York: Riverhead Books, 1996.

[144] Kahn W A. Psychological conditions of personal engagement and disengagement at work[J]. Academy of Management Journal, 1990, 33(4): 692-724, 708.

[145] May D R, Gilson R L, Harter L M. The psychological conditions of meaningfulness, safety and availability and the engagement of the human

spirit at work[J]. Journal of Occupational and Organizational Psychology, 2004, 77(1): 11-37.

[146] Liang J, Farh J L. Promotive and prohibitive voice behavior in organizations: A two-wave longitudinal examination[C]. The Third Conference of the International Association for Chinese Management Research. Guangzhou, China, 2008.

[147] Vogelgesang G. How leader interactional transparency can impact follower psychological safety and role engagement[D]. University of Nebraska, Lincoln, 2007.

[148] Li N, Yan J. The effects of trust climate on individual performance[J]. Frontiers of Business Research in China, 2009(3): 27-49.

[149] Harvey P, Stoner J, Hochwarter W, et al. Coping with abusive supervision: The neutralizing effects of ingratiation and positive affect on negative employee outcomes[J]. The Leadership Quarterly, 2007, 18(2): 264-280.

[150] 杨国枢,余安邦,叶明华. 中国人的个人传统性与现代性：概念与测量[M]//杨国枢等. 中国人心理与行为. 台北：桂冠图书出版公司,1989.

[151] Hui C, Lee C, Rousseau D M. Employment relationships in China: Do workers relate to the organization or to people[J]. Organization Science, 2004, 15(2): 232-240.

[152] Adorno T W, Frenkel B E, Levinson D J, et al. The Authoritarian Personality[M]. New York: Harper, 1950.

[153] 樊景立,郑伯埙. 华人组织的家长式领导：一项文化观点的分析[J]. 本土心理学研究,2000(13): 127-180.

[154] 郑伯埙,樊景立. 初探华人社会的社会取向：台湾与大陆之比较研究[J]. 中华心理学刊,2001,43(2): 207-221.

[155] Brislin R W. Translation and content analysis of oral and written materials[J]. Handbook of Cross-cultural Psychology, 1986(2): 389-444.

[156] 陈永霞,贾良定,李超平,等.变革型领导、心理授权与员工的组织承诺:中国情景下的实证研究[J].管理世界,2006(1):96-105.

[157] Mitchell M S, Ambrose M L. Abusive Supervision and Workplace Deviance and the Moderating Effects of Negative Reciprocity Beliefs[J]. Journal of Applied Psychology, 2007, 92(4): 1159-1168.

[158] 李宁,严进.组织信任氛围对任务绩效的作用途径[J].心理学报,2007,39(6):1111-1121.

[159] Kelloway K. LISREL for structural equation modeling: A researcher's guide[M]. Thousand Oaks: Sage Publications, 1998.

[160] Baron R M, Kenny D A. The moderator-mediator variable distinction in social psychological research: Conceptual, strategic, and statistical considerations[J]. Journal of Personality and Social Psychology, 1986, 51: 1173-1182.

[161] Preacher K J, Hayes A F. SPSS and SAS procedures for estimating indirect effects in simple mediation models[J]. Behavior Research Methods, Instruments, and Computers, 2004, 36: 717-731.

[162] Aiken L S, West S G. Multiple regression: Testing and interactions[M]. Newbury Park, CA: Sage Publications, 1991.

[163] Muller D, Judd C M, Yzerbyt V Y. When moderation is mediated and mediation is moderated[J]. Journal of Personality and Social Psychology, 2005, 89: 852-863.

[164] Robbins S P, Coulter M. Management (7th edition)[M]. Beijing: Tsinghua University Press, 2004.

[165] Shamir B, House R J, Arthur M B. The motivational effects of charismatic leadership: A self-concept based theory[J]. Organization Science, 1993, 4(4): 577-594.

[166] 何轩.互动公平真的就能治疗"沉默"病吗?——以中庸思维作为调节变量的本土实证研究[J].管理世界,2009(4):128-134.

[167] Bies R J, Moag J F. Interactional Justice: Communication Criteria of Fairness[J]. Research on Negotiations in Organizations. Greenwich, CT: JAI Press. 1986(1): 43 – 55.

[168] 王永丽,邓静怡,任荣伟. 授权型领导、团队沟通对团队绩效的影响[J]. 管理世界,2009(4): 119 – 127.

[169] Kozlowski S W J, Klein K J. A multilevel approach to theory and research in organizations: Contextual, temporal, and emergent processes[J]. Klein K J, Kozlowski W J(Ed.), Multilevel theory, research, and methods in organizations: Foundations, extensions, and new directions. San Francisco: Jossey-Bass, 2000: 3 – 90.

[170] Katz D. The Motivational Basis of Organizational Behavior[J]. Behavioral Science, 1964, 9: 131 – 146.

[171] Gouldner A W. The norm of reciprocity: A preliminary statement[J]. American Sociological Review, 1960, 25: 161 – 178.

[172] Morrison E W. Role definition and organizational citizenship behavior: The importance of the employee's perspective[J]. Academy of Management Journal, 1999, 37: 1543 – 1567.

[173] Bergami M, Bagozzi R P. Self-categorization, affective commitment and group self-esteem as distinct aspects of social identity in the organization [J]. British Journal of Social Psychology, 2000, 39: 555 – 577.

[174] Morgan J M, Reynolds C M, Nelson T J, et al. Tales from the fields: sources of employee identification in agribusiness [J]. Management Communication Quarterly, 2004, 17: 360 – 395.

[175] Bamber E M, Iyer V M. Big 5 auditors' professional and organizational identification: consistency or conflict?[J]. Auditing, 2002, 21: 21 – 38.

[176] Schrodt P. The relationship between organizational identification and organizational culture: employee perceptions of culture and identification in a retail sales organization[J]. Communication Studies, 2002, 53: 189 – 202.

[177] Leary M R, Baumeister R F. The Nature and Function of Self-esteem: Sociometer Theory[J]. Advances in experimental social psychology, 2000, 32: 2-51.

[178] Greenberg J. Stealing in the Name of Justice: Informational and interpersonal moderators of theft reactions to underpayment inequity[J]. Organizational Behavior and Human Decision Processes, 1993, 54: 81-103.

[179] Folger R, Cropanzano R. Organizational justice and human resource management[M]. Thousand Oaks, CA: Sage Publications, 1998.

[180] Desivilya H S, Sabag Y, Ashton E. Prosocial tendencies in organizations: The role of attachment styles and organizational justice in shaping organizational citizenship behavior [J]. International Journal of Organizational Analysis, 2006, 14(1): 22-42.

[181] Kickul J, Lester S W, Finkl J. Promise breaking during radical organizational change: do justice interventions make a difference? [J]. Journal of Organizational Behavior, 2002, 23: 469-488.

[182] Cohen S G, Bailey D E. What makes teams work: Group effectiveness research from the shop floor to the executive suite [J]. Journal of Management, 1997, 23(3): 239-290.

[183] Podsakoff P M, Aheame M, MacKenzie S B. Organizational citizenship behavior and the quantity and quality of work group performance[J]. Journal of Applied Psychology, 1997, 82: 262-270.

[184] Knight D, Pearce C L, Smith K G, et al. Top Management Team Diversity, Group Process, and Strategic Consensus [J]. Strategic Management Journal, 1999, 20(5): 445-465.

[185] Flood P C, Hannan E, Smith K G, et al. Chief executive leadership style, consensus decision making and top management team effectiveness[J]. European Journal of Work and Organizational Psychology, 2000, 9

(3): 401-420.

[186] Tynan R. The effects of threat sensitivity and face giving on dyadic psychological and upward communication[J]. Journal of Applied Social Psychology, 2005, 35: 223-247.

[187] Brown S P, Leigh T W. A new look at psychological climate and its relationship to job involvement, effort, and performance[J]. Journal of Applied Psychology, 1996, 81: 358-368.

[188] Faraj S, Yan A. Boundary work in knowledge teams[J]. Journal of Applied Psychology, 2009, 94: 604-617.

[189] 陈国权,赵慧群,蒋璐.团队心理安全、团队学习能力与团队绩效关系的实证研究[J].科学学研究,2008(3):1283-1292.

[190] Nembhard I M, Edmondson A C. Make it safe: the effects of leader inclusiveness and professional status on psychological safe and improvement efforts in health care teams[J]. Journal of Organization Behavior, 2006, 27: 941-966.

[191] Siemsen E, Roth A V, Balasubramanian S, et al. The influence of psychological safety and confidence in knowledge on employee knowledge sharing[J]. Manufacturing & Service Operations Management, 2009, 11(3): 429-447.

[192] Edmondson A C. Psychological safety, trust, and learning in organizations: A group-level lens[J]. Trust and Distrust in Organizations: Dilemmas and Approaches, 2004: 239-272.

[193] 吴隆增,刘军,许浚.职场排斥与员工组织公民行为:组织认同与集体主义倾向的作用[J].南开管理评论,2010,13(3):36-44.

[194] Niehoof B P, Moorman R H. Justice as a Mediator of the Relationship between Methods of Monitoring and Organizational Citizenship Behavior[J]. Academy of Management Journal, 1993, 36(3): 527-556.

[195] 唐翌.团队心理安全、组织公民行为和团队创新:一个中介传导模型的实证

分析[J].南开管理评论,2005,8(6):24-29.

[196] Zellmer-Bruhn M E, Gibson C B. Multinational Organization Context: Implications for Team Learning and Performance[J]. Academy of Management Journal, 2006, 49: 501-518.

[197] 刘军,章凯,仲理峰.工作团队差序氛围的形成与影响:基于追踪数据的实证分析[J].管理世界,2009(8):92-101.

[198] James L R, Demaree R G, Wolf G. Estimating Within-Group Interrater Reliability with and Without Response Bias[J]. Journal of Applied Psychology, 1984, 69(1): 85-98.

[199] Klein K J, Associates. Multilevel analytical techniques: Commonalities, differences, and continuing questions[J]. Multilevel theory, research, and methods in organizations: Foundations, extensions, and new directions, 2000: 512-553.

[200] Lord V B. Characteristics of violence in state government[J]. Journal of Interpersonal Violence, 1998, 13: 489-504.

[201] Lord R G, Brown D J. Leadership, values and subordinate self-concepts[J]. The Leadership Quarterly, 2001, 12(2): 133-152.

[202] Korman A K. Toward a hypothesis of work behavior[J]. Journal of Applied Psychology, 1970, 54(1): 31-41.

[203] Masterson S S, Lewis K, Goldman B M, et al. Integrating justice and social exchange: The differing effects of fairprocedures and treatment on work relationships[J]. Academy of Management Journal, 2000, 43: 738-748.

[204] Burke C S, Stagl K C, Salas E, et al. Understanding team adaptaion: A conceptual analysis and model[J]. Journal of Applied Psychology, 2006, 91: 1189-1207.

[205] Paulhus D L. Socially desirable responding: The evolution of a construct[J]. The role of constructs in psychological and educational measurement, 2002: 46-49.

附录 A　强制性组织公民行为构思的开放式访谈问卷

尊敬的先生/女士：

您好！

我们是同济大学组织与人力资源研究所的研究人员，目前正在进行一项有关"中国背景下企业员工强制性组织公民行为"的研究。在此希望能够耽搁您一些时间，请教您一些问题，了解您对"工作场所中的强制性组织公民行为"的宝贵意见。

您提供的信息对本研究非常重要，请您尽可能准确地表达自己的看法。我们保证对访谈内容和相关资料进行保密。

一、我们将强制性组织公民行为定义为：员工因为不得不表现出领导或组织所期望的职外行为而形成的一种带有强制性感受的组织公民行为。请您结合工作实践，提供 5 种以上您或您的同事在工作场所中所表现出的强制性组织公民行为类型。

二、您认为是什么原因会让您或您的同事表现出这些强制性组织公民行为？

附录 B　强制性组织公民行为量表的预测试问卷

领导或组织常常期望员工愿意承担额外的工作职责或职务外行为,员工有时会屈服于这种公民压力而形成一种"被迫无奈"的组织公民行为。请您根据最近一年的经历,对以下陈述语句表示看法,只需在"□"内的数字上做出标注即可。

相关陈述		符合程度				
		完全不符合	不太符合	一般符合	比较符合	完全符合
1	即使不情愿,我也不得不花费时间去帮助那些在工作中遇到困难的同事	1	2	3	4	5
2	即使不情愿,我也不得不调整自己的工作安排去接手那些请假的同事的工作	1	2	3	4	5
3	即使不情愿,我也不得不花费时间去积极配合同事并与之交流沟通	1	2	3	4	5
4	即使不情愿,我也不得不与同事分享知识、经验或资源	1	2	3	4	5
5	即使在工作疲乏或情绪低落的情况下,我也不得不以良好的态度对待和关心同事	1	2	3	4	5
6	即使不情愿,我也不得不花费时间去帮助新同事以适应工作环境	1	2	3	4	5

续 表

相 关 陈 述		符 合 程 度				
		完全不符合	不太符合	一般符合	比较符合	完全符合
7	即使不情愿,我也不得不花费时间去给予新同事更多的关心	1	2	3	4	5
8	即使不情愿,我也不得不给予新同事更多的宽容	1	2	3	4	5
9	即使不情愿,我也不得不义务协助上司的工作	1	2	3	4	5
10	即使不情愿,我也不得不服从上司的安排	1	2	3	4	5
11	即使不情愿,我也不得不努力进行自我学习以提高工作成效	1	2	3	4	5
12	即使不情愿,我也不得不乐于接受新的工作或挑战	1	2	3	4	5
13	即使不情愿,我也不得不在工作上付出更多的努力	1	2	3	4	5
14	即使不情愿,我也不得不义务加班	1	2	3	4	5
15	即使不情愿,我也不得不主动寻找组织中可能存在的问题	1	2	3	4	5
16	即使不情愿,我也不得不主动提出对企业发展有利的建议	1	2	3	4	5
17	即使不情愿,我也不得不努力进行自我提高以跟上组织发展的步伐	1	2	3	4	5
18	即使不情愿,我也不得不严格控制错误并且认真对待工作	1	2	3	4	5
19	即使不情愿,我也不得不很早到达公司并马上开始工作	1	2	3	4	5
20	即使不情愿,我也不得不承担工作以外的额外任务和责任	1	2	3	4	5

附录 C 强制性组织公民行为各项目的临界比率法分析结果

Independent Samples Test

		Levene's Test for Equality of Variances		t-test for Equality of Means					95% Confidence Interval	
		F	Sig.	t	df	Sig. (2-tailed)	Mean Difference	Std. Error Difference	Lower	Upper
CCB1	EVA	25.277	.000	8.108	110	.000	.918 31	.113 26	.693 87	1.142 76
	EVNA			7.474	68.598	.000	.918 31	.122 86	.673 19	1.163 44
CCB2	EVA	6.646	.011	9.208	110	.000	.978 92	.106 31	.768 23	1.189 61
	EVNA			8.743	78.384	.000	.978 92	.111 96	.756 04	1.201 80
CCB3	EVA	7.194	.008	8.502	110	.000	.881 42	.103 67	.675 97	1.086 88
	EVNA			8.146	81.537	.000	.881 42	.108 21	.666 14	1.096 70
CCB4	EVA	1.477	.227	6.501	110	.000	.711 46	.109 43	.494 60	.928 33
	EVNA			6.256	83.124	.000	.711 46	.113 72	.485 29	.937 64
CCB5	EVA	20.066	.000	8.905	110	.000	1.216	.137	.945	1.487
	EVNA			7.955	59.630	.000	1.216	.153	.910	1.522
CCB6	EVA	12.036	.001	6.738	110	.000	.783 27	.116 24	.552 91	1.013 63
	EVNA			6.248	70.411	.000	.783 27	.125 37	.533 25	1.033 28

续 表

		Levene's Test for Equality of Variances		t-test for Equality of Means					95% Confidence Interval	
		F	Sig.	t	df	Sig. (2-tailed)	Mean Difference	Std. Error Difference	Lower	Upper
CCB7	EVA	20.179	.000	9.364	110	.000	1.310	.140	1.033	1.588
	EVNA			8.685	70.513	.000	1.310	.151	1.009	1.611
CCB8	EVA	6.973	.009	10.369	110	.000	1.192	.115	.964	1.420
	EVNA			9.459	65.433	.000	1.192	.126	.941	1.444
CCB9	EVA	15.305	.000	6.520	110	.000	.835 31	.128 12	.581 41	1.089 21
	EVNA			5.942	65.178	.000	.835 31	.140 58	.554 57	1.116 05
CCB10	EVA	18.107	.000	7.430	110	.000	.912	.123	.669	1.155
	EVNA			6.757	64.569	.000	.912	.135	.642	1.181
CCB11	EVA	31.690	.000	10.688	110	.000	1.503	.141	1.225	1.782
	EVNA			9.611	61.412	.000	1.503	.156	1.191	1.816
CCB12	EVA	10.109	.002	12.930	110	.000	1.583 66	.122 48	1.340 94	1.826 39
	EVNA			11.987	70.376	.000	1.583 66	.132 11	1.320 20	1.847 13
CCB13	EVA	19.381	.000	15.173	110	.000	1.796 44	.118 39	1.561 81	2.031 07
	EVNA			13.938	67.518	.000	1.796 44	.128 89	1.539 22	2.053 67

附录C 强制性组织公民行为各项目的临界比率法分析结果

续 表

		Levene's Test for Equality of Variances		t-test for Equality of Means					95% Confidence Interval	
		F	Sig.	t	df	Sig. (2-tailed)	Mean Difference	Std. Error Difference	Lower	Upper
CCB14	EVA	21.436	.000	11.535	110	.000	1.563 90	.135 58	1.295 22	1.832 58
	EVNA			10.314	59.907	.000	1.563 90	.151 63	1.260 58	1.867 22
CCB15	EVA	12.793	.001	9.071	110	.000	1.216	.134	.950	1.482
	EVNA			8.217	63.429	.000	1.216	.148	.920	1.512
CCB16	EVA	7.166	.009	10.435	110	.000	1.364	.131	1.105	1.623
	EVNA			9.680	70.560	.000	1.364	.141	1.083	1.645
CCB17	EVA	2.655	.106	10.880	110	.000	1.188	.109	.971	1.404
	EVNA			10.190	73.669	.000	1.188	.117	.955	1.420
CCB18	EVA	.650	.422	11.443	110	.000	1.266 14	.110 65	1.046 85	1.485 43
	EVNA			10.605	70.276	.000	1.266 14	.119 39	1.028 04	1.504 24
CCB19	EVA	29.432	.000	13.364	110	.000	1.838	.138	1.565	2.110
	EVNA			12.127	63.916	.000	1.838	.152	1.535	2.141
CCB20	EVA	24.103	.000	14.625	110	.000	1.692	.116	1.463	1.922
	EVNA			13.324	65.071	.000	1.692	.127	1.439	1.946

注：$N=171$。EVA 表示 Equal variances assumed。EVNA 表示 Equal variances not assumed。

附录 D 强制性组织公民行为各项目的相关分析结果

Item-Total Statistics

	Scale Mean if Item Deleted	Scale Variance if Item Deleted	Corrected Item-Total Correlation	Squared Multiple Correlation	Cronbach's Alpha if Item Deleted
CCB1	71.696 4	192.159	.803	.	.968
CCB2	71.660 7	192.478	.797	.	.969
CCB3	71.696 4	193.979	.767	.	.969
CCB4	71.535 7	196.864	.637	.	.970
CCB5	71.803 6	189.294	.747	.	.970
CCB6	71.580 4	193.813	.748	.	.970
CCB7	72.008 9	188.189	.753	.	.970
CCB8	71.839 3	188.713	.861	.	.969
CCB9	71.571 4	192.752	.731	.	.970
CCB10	71.678 6	194.022	.673	.	.970
CCB11	71.982 1	184.504	.836	.	.969
CCB12	72.000 0	185.441	.830	.	.969
CCB13	72.026 8	183.558	.838	.	.969
CCB14	71.946 4	186.610	.754	.	.970

附录 D　强制性组织公民行为各项目的相关分析结果

续　表

	Scale Mean if Item Deleted	Scale Variance if Item Deleted	Corrected Item-Total Correlation	Squared Multiple Correlation	Cronbach's Alpha if Item Deleted
CCB15	71.803 6	188.357	.794	.	.970
CCB16	71.955 4	186.421	.839	.	.969
CCB17	71.776 8	189.544	.847	.	.969
CCB18	71.839 3	188.605	.854	.	.969
CCB19	72.089 3	181.722	.841	.	.970
CCB20	72.044 6	185.286	.817	.	.970

注：$N = 171$。
CCB1～CCB20 分别代表强制性组织公民行为的 20 个项目。
所有相关系数均在 0.01 的水平上显著。
该量表的信度系数 α 值为 0.973。

附录 E 强制性组织公民行为量表的验证性问卷

尊敬的先生/女士,您好!

我们是同济大学组织与人力资源研究所的研究人员,目前正在进行一项有关"中国背景下企业员工强制性组织公民行为"的研究。在此希望能够耽搁您几分钟时间,填答一份问卷。本问卷用于纯学术研究,不会透露您所在单位具体的管理事务,更不会透露您的个人看法和商业秘密。同时,我们承诺,在未经您同意的情况下,不会将问卷数据用于任何商业途径。

希望您能如实填答,感谢您的大力支持和配合。

第一部分:基本信息

下面是关于您个人及企业的一些基本信息,请您在合适的"□"内打(√)。

1. 性　　别:□男　□女
2. 年　　龄:□25 岁及以下　　□26～35 岁
　　　　　　　□36～45 岁　　　　□46 岁及以上

3. 教育背景：□研究生　□本科　□专科　□高中及以下
4. 工作年限：＿＿＿＿＿＿＿＿＿＿＿＿（请填写您在该单位的实际工作年数）
5. 工作地点：＿＿＿＿＿＿＿＿＿＿
6. 企业性质：□国有或集体　□合资或外资　□民营或私企
7. 所属行业：□制造业　　□服务业　　□零售业
　　　　　　□信息业　　□其他

第二部分：变量测量

请您根据最近一年的经历，对以下陈述语句表示看法，并在"□"内的数字上做出标注。

	相　关　陈　述	符 合 程 度				
		完全不符	不太符合	一般符合	比较符合	完全符合
CCBO1	即使不情愿，我也不得不努力进行自我学习以提高工作成效	1	2	3	4	5
CCBO2	即使不情愿，我也不得不乐于接受新的工作或挑战	1	2	3	4	5
CCBO3	即使不情愿，我也不得不在工作上付出更多的努力	1	2	3	4	5
CCBO4	即使不情愿，我也不得不义务加班	1	2	3	4	5
CCBO5	即使不情愿，我也不得不很早到达公司并马上开始工作	1	2	3	4	5
CCBO6	即使不情愿，我也不得不承担工作以外的额外任务和责任	1	2	3	4	5
CCBI1	即使不情愿，我也不得不花费时间去帮助那些在工作中遇到困难的同事	1	2	3	4	5
CCBI2	即使不情愿，我也不得不调整自己的工作安排去接手那些请假的同事的工作	1	2	3	4	5

续表

相 关 陈 述		符 合 程 度				
		完全不符	不太符合	一般符合	比较符合	完全符合
CCBI3	即使不情愿,我也不得不花费时间去积极配合同事并与之交流沟通	1	2	3	4	5
CCBI4	即使不情愿,我也不得不与同事分享知识、经验或资源	1	2	3	4	5
CCBI5	即使不情愿,我也不得不花费时间去帮助新同事以适应工作环境	1	2	3	4	5
CCBI6	即使不情愿,我也不得不义务协助上司的工作	1	2	3	4	5
JS1	总体来说,我对我的工作很满意	1	2	3	4	5
JS2	总体来说,我喜欢在本部门工作	1	2	3	4	5
JS3	考虑到每个方面,我对自己现在的工作处境很满意	1	2	3	4	5
LZ1	我经常想辞掉现在的工作	1	2	3	4	5
LZ2	我在明年可能会离开现在的公司,换一份新的工作	1	2	3	4	5
LZ3	我打算在现在的公司做长期的职业发展	1	2	3	4	5
LZ4	如果我继续呆在本单位,我的前景可能不会太好	1	2	3	4	5
OCB1	这名员工会主动帮助工作量大的同事	1	2	3	4	5
OCB2	这名员工乐意帮助新同事尽快适应工作环境	1	2	3	4	5
OCB3	这名员工乐意帮助同事解决工作中的问题	1	2	3	4	5
OCB4	这名员工会积极提出改善工作程序或进程的建议	1	2	3	4	5
OCB5	这名员工会积极提出改善组织效率的建议	1	2	3	4	5

附录 E　强制性组织公民行为量表的验证性问卷

续　表

相　关　陈　述		符　合　程　度				
		完全不符	不太符合	一般符合	比较符合	完全符合
OCB6	这名员工工作勤奋并具有较强的责任心,即使当工作成果不被计算在其绩效考核之内	1	2	3	4	5
OCB7	这名员工会愿意无偿加班	1	2	3	4	5
OCB8	这名员工会在必要时主动加班来完成工作	1	2	3	4	5
OCB9	这名员工经常早早上班,并立即投入工作	1	2	3	4	5

附录 F　访谈提纲

访谈时间：＿＿＿＿＿＿＿＿＿＿＿＿
访谈地点：＿＿＿＿＿＿＿＿＿＿＿＿
访谈对象：＿＿＿＿＿＿＿＿＿＿＿＿

尊敬的先生/女士：

您好！

我们是同济大学组织与人力资源研究所的研究人员，目前正在进行一项有关"中国背景下企业员工强制性组织公民行为"的研究。在此希望能够耽搁您一些时间，请教您一些问题，了解您对"工作场所内的强制性组织公民行为"的宝贵意见。

您提供的信息对本研究非常重要，请您尽可能准确地表达自己的看法。为了便于整理访谈信息，我们将对访谈过程进行全程录音，并对访谈内容和相关资料进行保密，若在访谈过程中涉及敏感信息，我们将征求您的意见，并关闭录音。

1. 请您介绍一下您的基本情况，包括工作部门、职务、工龄和教育背景等。
2. 请谈谈您对您及您同事的组织公民行为的看法。
3. 您或您的同事是否曾经因为某种压力而不得不表现出领导或组

织所期望的职外行为的情况?

4. 您认为是什么原因让您或您的同事表现出强制性组织公民行为?

5. 您对这些感受深有体会么,能否举例说明?

6. 通过前面的介绍,请谈谈您对强制性组织公民行为影响因素的理解,包括它们的特征和结构等。

7. 如果需要降低员工的强制性组织公民行为表现,您认为哪些方面最需要改善?为什么?

8. 对于刚才的讨论,您还有要补充的么?

非常感谢您在百忙之中抽出时间接受访谈,在此致以最诚挚的谢意!

同济大学经济与管理学院
组织与人力资源研究所

附录 G　强制性组织公民行为形成路径的调查问卷

员 工 问 卷

尊敬的先生/女士,您好!

　　我们是同济大学组织与人力资源研究所的研究人员,目前正在进行一项有关"中国背景下企业员工强制性组织公民行为"的研究。在此希望能够耽搁您几分钟时间,填答一份问卷。本问卷用于纯学术研究,不会透露您所在单位具体的管理事务,更不会透露您的个人看法和商业秘密。同时,我们承诺,在未经您同意的情况下,不会将问卷数据用于任何商业途径。

　　希望您能如实填答,感谢您的大力支持和配合。

第一部分:基本信息

　　下面是关于您个人及企业的一些基本信息,请您在合适的"□"内打(√)。

　　1. 性　　别:□男　□女

附录 G　强制性组织公民行为形成路径的调查问卷

2. 年　　　龄：□25 岁及以下　　□26～35 岁
　　　　　　　□36～45 岁　　　□46 岁及以上

3. 教育背景：□研究生　□本科　□专科　□高中及以下

4. 工作年限：_____（请填写您在该单位的实际工作年数）

5. 工作地点：_____

6. 企业性质：□国有或集体　　□合资或外资　　□民营或私企

7. 所属行业：□制造业　　□服务业　　□零售业
　　　　　　　□信息业　　□其他

第二部分：变量测量

请您根据最近一年的经历，对以下陈述语句表示看法，并在"□"内的数字上做出标注。

相关陈述		符合程度				
		完全不符合	不太符合	一般符合	比较符合	完全符合
CCBO1	即使不情愿，我也不得不努力进行自我学习以提高工作成效	1	2	3	4	5
CCBO2	即使不情愿，我也不得不乐于接受新的工作或挑战	1	2	3	4	5
CCBO3	即使不情愿，我也不得不在工作上付出更多的努力	1	2	3	4	5
CCBO4	即使不情愿，我也不得不义务加班	1	2	3	4	5
CCBO5	即使不情愿，我也不得不很早到达公司并马上开始工作	1	2	3	4	5
CCBO6	即使不情愿，我也不得不承担工作以外的额外任务和责任	1	2	3	4	5
CCBI1	即使不情愿，我也不得不花费时间去帮助那些在工作中遇到困难的同事	1	2	3	4	5

续 表

相 关 陈 述		符 合 程 度				
		完全不符合	不太符合	一般符合	比较符合	完全符合
CCBI2	即使不情愿,我也不得不调整自己的工作安排去接手那些请假的同事的工作	1	2	3	4	5
CCBI3	即使不情愿,我也不得不花费时间去积极配合同事并与之交流沟通	1	2	3	4	5
CCBI4	即使不情愿,我也不得不与同事分享知识、经验或资源	1	2	3	4	5
CCBI5	即使不情愿,我也不得不花费时间去帮助新同事以适应工作环境	1	2	3	4	5
CCBI6	即使不情愿,我也不得不义务协助上司的工作	1	2	3	4	5
PS1	我不怕在工作中充分展示自我	1	2	3	4	5
PS2	我害怕在工作中表达观点	1	2	3	4	5
PS3	组织是一个充满威胁的地方	1	2	3	4	5
PS4	如果我在工作中出了差错,上司就会抱怨我	1	2	3	4	5
PS5	在这个组织中,允许在工作中有一定的冒险行为	1	2	3	4	5
CT1	政府的主要官员就像一家之长,市民应该服从他的决策	1	2	3	4	5
CT2	避免犯错的最好办法就是听从年长者的建议	1	2	3	4	5
CT3	父母的要求即使不合理,子女也应照着去做	1	2	3	4	5
CT4	当人们在争论的时候,由资格最老的人决定谁是对的	1	2	3	4	5
CT5	孩子应该尊敬那些尊敬他父母的人	1	2	3	4	5

问卷到此结束,谢谢您的合作!

附录 G　强制性组织公民行为形成路径的调查问卷

如果您想了解本次调查的统计结果,请留下您的联系方式:

姓　　　名:＿＿＿＿＿＿＿＿＿＿＿＿＿＿＿＿＿＿＿

通信地址:＿＿＿＿＿＿＿＿＿＿＿＿＿＿＿＿＿＿＿

电子邮件:＿＿＿＿＿＿＿＿＿＿＿＿＿＿＿＿＿＿＿

同 事 问 卷

尊敬的先生/女士,您好!

我们是同济大学组织与人力资源研究所的研究人员,目前正在进行一项有关"中国背景下企业员工强制性组织公民行为"的研究。在此希望能够耽搁您几分钟时间,填答一份问卷。本问卷用于纯学术研究,不会透露您所在单位具体的管理事务,更不会透露您的个人看法和商业秘密。同时,我们承诺,在未经您同意的情况下,不会将问卷数据用于任何商业途径。

希望您能如实填答,感谢您的大力支持和配合。

第一部分: 基本信息

下面是关于您个人及企业的一些基本信息,请您在合适的"□"内打(√)。

1. 性　　　别:□男　□女
2. 年　　　龄:□25 岁及以下　□26～35 岁
　　　　　　　□36～45 岁　□46 岁及以上
3. 教育背景:□研究生　□本科　□专科　□高中及以下

4. 工作年限：_____（请填写您在该单位的实际工作年数）

5. 工作地点：_____

6. 企业性质：□国有或集体　□合资或外资　□民营或私企

7. 所属行业：□制造业　□服务业　□零售业
　　　　　　□信息业　□其他

第二部分：变量测量

请您根据最近一年的经历，对以下陈述语句表示看法，并在"□"内的数字上做出标注。

相关陈述		符合程度				
		从来没有	很少发生	偶尔发生	经常发生	总是如此
AS1	上司用言语嘲笑他	1	2	3	4	5
AS2	上司认为他的想法很愚蠢	1	2	3	4	5
AS3	上司在别人面前贬低他	1	2	3	4	5
AS4	上司在别人面前说他的坏话	1	2	3	4	5
AS5	上司不允许他与其他同事互动	1	2	3	4	5

问卷到此结束，谢谢您的合作！

如果您想了解本次调查的统计结果，请留下您的联系方式：

姓　　名：_____

通信地址：_____

电子邮件：_____

附录 H 条件性间接效应的 SPSS 运算结果

1. 辱虐管理对 CCBO 的"条件性间接效应"的 SPSS 运算结果

Run MATRIX procedure:

==

Preacher, Rucker, & Hayes Moderated Mediation Analysis

==

You specified model number: 2

Variables in System:

IV: AS　　　　DV: CCBO

Med Var: PS　　Mod Var: CT

Sample size: 434

MEDIATOR VARIABLE MODEL

	Coeff	SE	t	$P>|t|$
Constant	2.909 0	.535 5	5.432 7	.000 0
AS	−.534 0	.134 3	−3.976 3	.000 1
CT	−.322 0	.254 4	−1.265 5	.206 4
Inter1	.244 0	.066 2	3.683 1	.000 3

DEPENDENT VARIABLE MODEL

	Coeff	SE	t	P>|t|
Constant	3.156 3	.728 7	4.331 2	.000 0
PS	−.366 2	.063 5	−5.767 9	.000 0
AS	.388 5	.180 0	2.157 9	.031 5
CT	.568 4	.335 6	1.693 7	.091 0
Inter1	−.159 9	.088 6	−1.804 8	.071 8

——————

Interaction Terms:
Inter1: AS * CT

——————

Conditional indirect effect at specific value(s) of the moderator(s)

CT	Ind Eff	SE	Z	P>|Z|
1.480 7	.063 3	.021 5	2.941 6	.003 3
2.018 4	.015 2	.015 1	1.011 8	.311 6
2.556 2	−.032 8	.021 9	−1.497 9	.134 2

Moderator values listed are the sample mean and +/− 1 SD

——————

Conditional indirect effect standard errors are second-order estimates. Bootstrap confidence intervals are recommended for inference about conditional indirect effects

—————— END MATRIX ——————

2. 辱虐管理对CCBI的"条件性间接效应"的SPSS运算结果

Run MATRIX procedure:

==

Preacher, Rucker, & Hayes Moderated Mediation Analysis

==

附录 H 条件性间接效应的 SPSS 运算结果

You specified model number: 2

Variables in System:

    IV: AS

    DV: CCBI

Med Var: PS

Mod Var: CT

Sample size: 434

MEDIATOR VARIABLE MODEL

	Coeff	SE	t	$P>|t|$
Constant	2.909 0	.535 5	5.432 7	.000 0
AS	−.534 0	.134 3	−3.976 3	.000 1
CT	−.322 0	.254 4	−1.265 5	.206 4
Inter1	.244 0	.066 2	3.683 1	.000 3

DEPENDENT VARIABLE MODEL

	Coeff	SE	t	$P>|t|$
Constant	6.144 2	.579 7	10.598 7	.000 0
PS	−.361 0	.050 5	−7.148 0	.000 0
AS	−.402 6	.143 2	−2.811 3	.005 2
CT	−.895 6	.266 9	−3.355 2	.000 9
Inter1	.232 3	.070 5	3.297 5	.001 1

Interaction Terms:

Inter1: AS * CT

Conditional indirect effect at specific value(s) of the moderator(s)

CT	Ind Eff	SE	Z	P>|Z|
1.480 7	.062 4	.020 1	3.097 8	.001 9
2.018 4	.015 0	.014 7	1.022 4	.306 6
2.556 2	−.032 3	.021 2	−1.523 3	.127 7

Moderator values listed are the sample mean and +/− 1 SD

——————————

Conditional indirect effect standard errors are second-order estimates. Bootstrap confidence intervals are recommended for inference about conditional indirect effects

—————— END MATRIX ——————

附录 I　强制性组织公民行为结果的调查问卷

团队成员问卷

尊敬的先生/女士，您好！

  我们是同济大学组织与人力资源研究所的研究人员，目前正在进行一项有关"中国背景下企业员工强制性组织公民行为"的研究。在此希望能够耽搁您几分钟时间，填答一份问卷。本问卷用于纯学术研究，不会透露您所在单位具体的管理事务，更不会透露您的个人看法和商业秘密。同时，我们承诺在未经您同意的情况下，不会将问卷数据用于任何商业途径。

  希望您能如实填答，感谢您的大力支持和配合。

第一部分：基本信息

下面是关于您个人及企业的一些基本信息，请您在合适的"□"内打（√）。

  1. 性　　别：□男　□女

2. 年　　龄：□25岁及以下　　□26～35岁
　　　　　　□36～45岁　　□46岁及以上

3. 教育背景：□研究生　□本科　□专科　□高中及以下

4. 工作年限：_____（请填写您在该单位的实际工作年数）

5. 工作地点：_____

6. 企业性质：□国有或集体　　□合资或外资　　□民营或私企

7. 所属行业：□制造业　　□服务业　　□零售业
　　　　　　□信息业　　□其他

第二部分：变量测量

请您根据最近一年的经历，对以下陈述语句表示看法，并在"□"内的数字上做出标注。

相　关　陈　述		符　合　程　度				
		完全不符合	不太符合	一般符合	比较符合	完全符合
CCBO1	即使不情愿，我也不得不努力进行自我学习以提高工作成效	1	2	3	4	5
CCBO2	即使不情愿，我也不得不乐于接受新的工作或挑战	1	2	3	4	5
CCBO3	即使不情愿，我也不得不在工作上付出更多的努力	1	2	3	4	5
CCBO4	即使不情愿，我也不得不义务加班	1	2	3	4	5
CCBO5	即使不情愿，我也不得不很早到达公司并马上开始工作	1	2	3	4	5
CCBO6	即使不情愿，我也不得不承担工作以外的额外任务和责任	1	2	3	4	5

附录 I 强制性组织公民行为结果的调查问卷

续 表

相 关 陈 述		符 合 程 度				
		完全不符合	不太符合	一般符合	比较符合	完全符合
CCBI1	即使不情愿,我也不得不花费时间去帮助那些在工作中遇到困难的同事	1	2	3	4	5
CCBI2	即使不情愿,我也不得不调整自己的工作安排去接手那些请假的同事的工作	1	2	3	4	5
CCBI3	即使不情愿,我也不得不花费时间去积极配合同事并与之交流沟通	1	2	3	4	5
CCBI4	即使不情愿,我也不得不与同事分享知识、经验或资源	1	2	3	4	5
CCBI5	即使不情愿,我也不得不花费时间去帮助新同事以适应工作环境	1	2	3	4	5
CCBI6	即使不情愿,我也不得不义务协助上司的工作	1	2	3	4	5
RT1	我感觉与组织的关系紧密	1	2	3	4	5
RT2	我在组织中能体验到强烈的归属感	1	2	3	4	5
RT3	我很骄傲能为该组织工作	1	2	3	4	5
RT4	我在组织中得到充分认可	1	2	3	4	5
RT5	我很高兴能成为该组织的一员	1	2	3	4	5
GP1	当在做与我工作相关的决策时,上级会好意地对待我	1	2	3	4	5
GP2	当在做与我工作相关的决策时,上级会尊重我考虑到我的尊严	1	2	3	4	5
GP3	当在做与我工作相关的决策时,上级会考虑我的个人需求	1	2	3	4	5

续 表

相 关 陈 述		符 合 程 度				
		完全不符合	不太符合	一般符合	比较符合	完全符合
GP4	当在做与我工作相关的决策时,上级会以符合实际的方式进行	1	2	3	4	5
GP5	当在做与我工作相关的决策时,上级会将其内涵与我商谈	1	2	3	4	5
GP6	上级会公正地评价我的工作	1	2	3	4	5
AQ1	如果我在团队的工作中出了差错,就会遭到抱怨	1	2	3	4	5
AQ2	这个团队中的成员都可以提出并坚持自己的看法	1	2	3	4	5
AQ3	在这个团队中,有时人们会因为差异而排斥他人	1	2	3	4	5
AQ4	在这个团队中,允许工作上有一定的冒险行为	1	2	3	4	5
AQ5	在这个团队中,向其他人寻求帮助是很难的	1	2	3	4	5
AQ6	本团队中没有人会为了表现个人的能力或优势而故意反对其他成员	1	2	3	4	5
AQ7	在与团队成员的合作中,我特有的技术和才能会得到认可与利用	1	2	3	4	5

问卷到此结束,谢谢您的合作!

如果您想了解本次调查的统计结果,请留下您的联系方式:

姓　　名:＿＿＿＿＿＿＿＿＿＿＿＿＿＿＿＿＿＿

通信地址:＿＿＿＿＿＿＿＿＿＿＿＿＿＿＿＿＿＿

电子邮件:＿＿＿＿＿＿＿＿＿＿＿＿＿＿＿＿＿＿

附录 I　强制性组织公民行为结果的调查问卷

团队领导问卷

尊敬的先生/女士,您好!

我们是同济大学组织与人力资源研究所的研究人员,目前正在进行一项有关"中国背景下企业员工强制性组织公民行为"的调查研究。在此希望能够耽搁您几分钟时间,填答一份问卷。本问卷用于纯学术研究,不会透露您所在单位具体的管理事务,更不会透露您的个人看法和商业秘密。同时,我们承诺,在未经您同意的情况下,不会将问卷数据用于任何商业途径。

希望您能如实填答,感谢您的大力支持和配合。

第一部分:基本信息

下面是关于您个人及企业的一些基本信息,请您在合适的"□"内打(√)。

1. 性　　别:□男　□女
2. 年　　龄:□25 岁及以下　□26～35 岁
　　　　　　□36～45 岁　□46 岁及以上
3. 教育背景:□研究生　□本科　□专科　□高中及以下
4. 工作年限:_____(请填写您在该单位的实际工作年数)
5. 团队年龄:□1～3 年　□4～6 年　□7～9 年　□10 年及以上
6. 团队规模:_____(请填写您所在团队的实际人数)

7. 工作地点：_____

8. 企业性质：□国有或集体　□合资或外资　□民营或私企

9. 所属行业：□制造业　　□服务业　　□零售业
　　　　　　□信息业　　□其他

第二部分：变量测量

请您根据最近一年的经历，对以下陈述语句表示看法，并在"□"内的数字上做出标注。

相关陈述		符合程度				
		完全不符合	不太符合	一般符合	比较符合	完全符合
OCB1	这名员工会主动帮助工作量大的同事	1	2	3	4	5
OCB2	这名员工乐意帮助新同事尽快适应工作环境	1	2	3	4	5
OCB3	这名员工乐意帮助同事解决工作中的问题	1	2	3	4	5
OCB4	这名员工会积极提出改善工作程序或进程的建议	1	2	3	4	5
OCB5	这名员工会积极提出改善组织效率的建议	1	2	3	4	5
OCB6	这名员工工作勤奋并具有较强的责任心，即使当工作成果不被计算在其绩效考核之内	1	2	3	4	5
OCB7	这名员工会愿意无偿加班	1	2	3	4	5
OCB8	这名员工会在必要时主动加班来完成工作	1	2	3	4	5
OCB9	这名员工经常早早上班，并立即投入工作	1	2	3	4	5
JX1	该工作团队能够实现它的目标	1	2	3	4	5
JX2	该工作团队能够完成它的任务	1	2	3	4	5
JX3	该工作团队能够达到组织对它的要求	1	2	3	4	5
JX4	该工作团队能够实现它的使命	1	2	3	4	5
JX5	该工作团队能达成目的	1	2	3	4	5

问卷到此结束,谢谢您的合作!

如果您想了解本次调查的统计结果,请留下您的联系方式:

姓　　名:＿＿＿＿＿＿＿＿＿＿＿＿＿＿＿＿

通信地址:＿＿＿＿＿＿＿＿＿＿＿＿＿＿＿＿

电子邮件:＿＿＿＿＿＿＿＿＿＿＿＿＿＿＿＿

后 记

自本书完成以来,我多次提笔想写一篇"后记",但始终未能成文。在我看来,后记同样是本书重要的部分之一,因为它承载了多人的帮助,也承载了我的无限感激之情。

首先,要感谢我的导师彭正龙教授的谆谆教诲和悉心关怀。短暂的三载春秋,收获的点点滴滴,无不凝聚着恩师的心血。恩师言传身授,教给了我怎么用科学严谨的眼光开展科学研究和观察企业实践。还记得初入师门时,我需要跨入一个全新的研究领域,是恩师的支持、信任和帮助让我一路走来,不仅顺利完成了本书,还能够有机会赴国外学习交流。同时,也是他的鼓励让我敢于尝试英文的写作和投稿,在付出汗水和取得果实的过程中也让自己的科研之路更加开阔。古语有云:事师之犹事父也。能够在恩师的指导下学习三年,是我人生之幸,学生定当铭记师情、感念师恩!

我还要感谢与我笔砚相亲的各位师兄弟姐妹,陶然、王海花、王红丽、乐嘉昂、黄文平、王石磊、韩勇、冯捷、沈建兰、朱宏野等人,没有他们的帮助,我在同济大学的生活将会多了许多困难,少了许多乐趣。同时,我要感谢我的朋友王艳子博士、牛衍亮博士、Maura Kessel 博士、Geoff Sheard 博士、陈亚洲、李达、郑广录等人,他们一直关注着我的研究进

后 记

展,不仅提出了许多有益的意见和建议,还在我的数据收集过程中给予了很大的帮助。

此外,我要感谢我的父母和弟弟,他们的默默支持与理解免除了我的后顾之忧,他们的爱与关怀使我能保持恬淡心态、潜心学术。

最后,我还要特别感谢我的准太太郭晓敏女士。她处处以我为念,对我宽容体让。从河南到广东再到上海,六年多来她一直陪伴,虽生活清苦却不置一词,此等相濡以沫之情我将永远铭记于心!

赵红丹